몸 마음 뇌가 튼튼한 아이

몸 마음 뇌가 튼튼한 아이

BODY
MIND
BRAIN

박민수 지음

책/이/있/는/풍/경

| 프롤로그 |
진정으로 아이들에게 필요한 것은 속도가 아닌 방향이다

아이들에게는 수많은 가능성이 존재한다. 좋은 교육이나 양육이란 아이가 가진 잠재성을 있는 그대로 살려주는 것일 터이다.

그러나 내가 진료실에서 만나는 아이들에게서는 자신의 잠재성을 제대로 표현하지 못한 채, 성장의 길이 닫히거나 비틀어진 모습이 나타날 때가 많다.

아이들은 많은 가능성을 가진 존재지만, 또한 금방 나쁜 것에 오염되거나 상처받을 수도 있는 약한 존재이기도 하다.

특히 부모는 많은 부분에서 이런 아이의 성장과 잠재력 실현에 영향과 힘을 미치는 존재이다. 따라서 부모로서 아이의 바른 성장과 자기실현에 도움이 되는 올바른 가치관과 양육태도를 갖추는 것은 매우 중요한 문제이다.

내가 만나는 부모들에게서 가장 자주 나타나는 문제점은 속도에는 관심이 있으나 방향에는 관심이 부족하다는 것이다. 우리 부모들은 급하다. 급하게 앞으로 달리려고만 든다. 하지만 잘못된 방향을 향해 속도만 높이면 차는 결국 충돌하고 만다.

내가 많은 부모들에게서 발견되는 세 가지 문제점, 잘못된 양육의 방향은 이렇다.

첫 번째는 부모와 아이의 눈높이가 다르다는 것이다. 혹은 서로 삶을 바라보는 관점이 다르다는 것이다. 우리 사회에서는 아이들과 부모의 가치관은 서로 많이 어긋나있는 것이 현실이다.

둘의 관계에서 당연히 부모가 더 큰 힘을 가지고 있으므로 부모는 강제로 아이를 끌고 가려 하고 아이는 다른 곳을 바라보며 끌려가는 처지인 것이다.

많은 부모들이 아이들이 과연 어떤 세상, 어떤 삶의 방향을 꿈꾸는지 무시하고 자신의 주장대로 억지로 아이를 끌고 가려고만 한다.

최근 자라나는 아이들은 부모들과는 너무 다른 정보의 세계에 살고 있으며, 그들의 삶의 지향점도 우리가 살아왔던 세계와는 많은 차이가 존재하며 지금 추구하는 가치관도 부모 세대와는 판이하게 다르다.

이렇게 어른과 아이가 서로 다른 생각과 가치관을 가지고 있는데, 부모가 원하는 방향대로만 아이를 끌고 가려고 하면 언제나 불협화음이 생길 수밖에 없다. 아울러 아이들이 타인과 공감하고 동기부여가 되어 움직이는 방식 역시 어른들과는 차이가 존재하는 경우가 많다.

　아이들은 기본적으로 어른보다 조금 더 감성적이고 어떤 일을 결정하는 데 있어서도 충동적이고 우연적인 요소들에 많이 기대지만, 한편으로는 몇 가지 일에 대해서는 매우 신중한 태도를 보인다. 이러한 아이들의 특성을 이해하고 잘 이끌어야만 서로 조화를 이루며 바른 길로 걸어가는 행복한 양육과 화합이 이루어질 수 있다.

　명령과 지시를 내리고 그 방법만 알려준다고 해서 아이들이 여기에 수긍하고 따르지 않는다는 점을 명심해야 한다.

　이 책에서는 아이들이 생각하는 방식을 이해하고 부모와의 관점의 차이를 조정해서 부모가 좋은 멘토이자 친근한 지원자로 아이의 잠재력을 최대한 이끌어낼 수 있는 방법들을 제시할 것이다.

　두 번째는 부모와 아이가 서로 다른 곳을 향하고자 한다는 것이다. 아이들이 삶의 목적으로 지향하는 것과 부모의 그것이 서로 많이 차이가 나는 것이다.

아무것도 모르고, 세상물정을 알지 못한 채 살아가는 것 같지만, 아이들은 아이들 나름대로 자기 인생이 있고 또 그들 역시 자신만의 미래를 그리고 있다.

그런데 우리 부모나 어른들은 자신들이 살아왔던, 또 지향하는 목적지로만 아이들을 끌고 가려고 한다. 가령 부모가 삶의 가치로 생각하는 학력, 성공, 돈, 명예, 지위와 같은 것들이 근원적으로 온당한 것이 아닐 것이며, 아이들 역시 부모의 이런 삶의 목표들에 반감을 갖거나 저항할 때가 많다.

그런데 부모들은 자신이 옳다고 생각하는 방식으로, 그 목표를 향해 아이들이 나아가고 행동하기를 바란다.

그러나 부모가 원하는 대학이 아이가 바라는 대학이 아닐 수도 있고, 부모가 바라는 학과나 직업이 아이에게는 조금도 흥미가 있는 삶이 될 수 없는 경우도 많다. 심지어 부모가 아이의 적성일 것이라고 믿는 것이 아이의 진짜 적성이 아닌 경우마저도 비일비재하기 때문이다.

이 간극을 메우기 위해서는 먼저 부모가 자신의 가치관이나 아이에게 심어주는 삶의 목표가 과연 온당한 것인지부터 성찰해보아야 할 것이다. 그리고 내 아이가 과연 무엇을 잘하고, 무엇에서 흥미를 느끼는지 편견없이 관찰하고 이해하는 시간을 가져야 할 것이다. 그리고 아이와 그것들에 대해 진지한 대화를 나누어야 할 것이다. 이 책에서는 아이의 마음을 열고 아이의 최대한의 긍정성을 이끌어내는 소통법 역시 제시할 것이다.

세 번째는 옳은 방향에 부합하고 로드맵을 만들어낼 수 있는 실질적이고 통합적인 지식과 균형감각이 부족하다는 것이다.

식물이 한 가지 영양분만으로 꽃을 피울 수 없듯, 우리 아이들에게도 고른 영양과 관리가 제공되어야만 한다.

기본적으로 그것은 몸과 마음과 뇌 모두의 고른 영양소일 것이다.

지금 이 시대의 많은 아이들은 공부를 위해 건강이 희생당하거나, 겉으로 몸은 커졌지만 마음은 제대로 성장하지 못하는 균형 잃은 삶을 살고 있다.

이들의 몸과 마음과 뇌의 균형적인 발전을 돕기 위해서는 우리 어른들이 가지고 있는 지식들 역시 단편적이고 지엽적인 것이어서는 안 될 것이다. 많은 의학정보들이 난립하지만 그중에서 우리 아이에게 정말 도움이 되는 정보는 그리 많지 않다.

그러나 이미 의학지식은 아이들을 훌륭히 키울 수 있는 충분한 지식들을 축적해왔다. 부모들이 지금까지 밝혀진, 바르고 온전한 의학지식을 좀 더 배우고 실천할 필요가 있다.

지금도 의학의 발전과 건강정보의 축적은 빠르게 진행되고 있다.

내 아이의 올바른 성장을 바라는 부모라면 아이의 성장에 더할 나위 없이 중요한 최신 영양학, 성장연구, 발달심리학, 건강증진 이론 역시 충분히 습득해야 할 것이다.

그러나 우리 부모들은 여전히 수십 년이 지난 낡은 의학지식이나 건강정보를 신봉하거나 따르는 경우가 많다. 잘못된 지식으로 아이의 키와 두뇌발달, 신체성장을 갉아먹는 잘못된 생활습관이나 양육환경을 제공하는 일 역시 비일비재하다.

이 책에서는 아이들의 학습능력과 신체능력을 극대화할 수 있는 올바른 양육을 위한 최신 정보와 견해들을 소개할 것이다.

부디 이 책이 아이들을 진정으로 사랑하고 그들의 미래에 대해 깊은 애정을 가지고 있는 부모님과 어른들에게 조금이나마 도움이 될 수 있기를 기대한다.

논현동 진료실에서
박민수

차례

프롤로그 진정으로 아이들에게 필요한 것은 속도가 아닌 방향이다

PART 1
내 아이 성장의 세 가지 원칙

01 습관이 몸을 자라게 한다 …16
02 긍정이 마음을 크게 한다 …20
03 균형이 뇌를 건강하게 한다 …24

PART 2
뇌만 크는 아이

01 몸이 바르게 자라지 않는 병, 성조숙증 …32
02 미각이 아이를 지배한다면 …36
03 음식중독에 빠진 내 아이의 비만도 …41
04 아이는 제대로 먹고 있나요? …48
05 내 아이, 자극 민감성은 아닐까? …52
06 아이의 키가 크지 않는다면 …56
07 키는 마음을 먹고 자란다 …61

PART 3
몸만 크는 아이

01 스트레스가 아이를 힘들게 한다 … 66
02 자존감이 낮은 아이들 … 70
03 비만할수록 공부도 몸도 약하다 … 75
04 '뇌의 힘'이 떨어지는 아이들 … 81
05 자신을 사랑하지 않는 아이 … 86
06 컴퓨터, 스마트폰에 빠진 내 아이들 … 91
07 집중하지 못하는 이유부터 살펴야 … 95
08 ADHD는 충분히 예방할 수 있다 … 100
09 아이의 화병, 학업 스트레스 … 106

PART 4
내 아이를 위한 성장 공부

01 아이의 혈당 평형을 체크하라 … 114
02 호르몬 피드백이 핵심이다 … 119
03 긍정적 내 몸 관성이란? … 123
04 인슐린 저항성이 아이를 해친다 … 129
05 내 아이의 키를 바꾸는 성장호르몬 … 134
06 우리 아이의 성장판을 열어라 … 140
07 성장과 성호르몬의 관계 … 144
08 내 아이의 건강, 비타민 D로 알 수 있다 … 147

PART 5
**내 아이를
살리는
위대한 습관**

01 하루 10분 쑥쑥 스트레칭 ⋯ 154
02 적정 수분을 유지하라 ⋯ 159
03 몸맘뇌 균형성장 '622식단' 식사법 ⋯ 162
04 천천히 먹어야 바로 큰다 ⋯ 168
05 아이 성장의 최대의 적, 편식 ⋯ 172
06 소아비만은 상태가 아니라 질병이다 ⋯ 177
07 마시멜로 식사법으로 현명하게 ⋯ 183
08 몸의 요구만큼 자는 버릇 ⋯ 187
09 독서로 건강하고 똑똑해지기 ⋯ 194
10 키가 크고 날씬해지는 운동 ⋯ 197
11 긍정의 자기 주문 '나는 내가 좋아' ⋯ 201

PART 6
**아이의 뇌가
크기 위해
필요한 것들**

01 뇌력, 내 아이 안의 힘 ⋯ 206
02 뇌력의 가장 큰 힘은 사랑과 배려 ⋯ 210
03 아이의 능력은 대신 할 수 없다 ⋯ 213
04 공부의 가치를 알아야 웃는다 ⋯ 216
05 아이의 행복을 두 배로 키우는 자존감 ⋯ 221
06 내 아이의 자기주장 능력은? ⋯ 224
07 스크린 타임 통제력을 키워라 ⋯ 227

08 과정을 중시해야 결과가 행복하다 ··· 230
09 공부에도 균형이 필요하다 ··· 232
10 아이가 빠지지 말아야 할 늪, 왕따 ··· 237

PART 7
몸과 뇌가 함께 크는 아이, 부모가 만든다

01 아이의 힘은 부모의 믿음에서 시작된다 ··· 244
02 아이의 적성, 아이가 알고 부모가 키워준다 ··· 247
03 아이를 망치는 엄마의 아이중독 ··· 251
04 아들의 아빠, 딸의 아빠 ··· 255
05 좌뇌형 부모가 만드는 아이의 스트레스 ··· 260
06 비만한 아이를 위한 부모의 식습관 교육 ··· 264
07 학습과 심리를 함께 잡는 엄마의 식단 ··· 271
08 피그말리온 비교 훈련 ··· 277
09 아이의 기를 살리는 엄마의 대화법 ··· 280
10 아이의 맘력은 Mom력 ··· 284

에필로그 엄마의 강하고 부드러운 믿음이 아이를 크게 키운다

PART **1**

Balanced Growth Solution

내 아이 성장의
세 가지 원칙

1
Balanced Growth Solution

습관이 몸을
자라게 한다

아이들이 자유롭게 생각하고 스스로 움직이는 것은 하늘에서 뚝 떨어진 재능이 아니다. 지붕 위에서 떨어지는 조그마한 낙숫물이 바위를 뚫듯이 작은 습관들 하나하나가 모이고 모여 아이의 인성과 태도를 만든다.

지금 우리 아이들의 가장 큰 문제는 스스로 할 줄 아는 일의 가짓수가 점점 줄어들고 혼자 어떤 일을 처리하는 능력 자체가 쇠퇴하고 있다는 점이다. 보호자들이 지나치게 아이들의 자율성을 침해한 결과다.

진수 엄마는 최근 들어 고민에 빠졌다. 아이가 초등학교에 입학하는데, 학교에 가서 제대로 생활할 수 있을지 고민이 이만저만 아니다. 집에서는 옷도 엄마가 입혀주고 목욕, 밥 먹는 것까지 엄마가 없으면 매끄럽게 넘어가지 못한다. 이러다 보니 학교에 가서 아이가 잘해낼 수 있을까 내심 걱정일 수밖에 없다.

소아비만 문제로 진료를 받던 진수의 어머니가 내게 물었다.

"선생님, 우리 진수가 문제가 많죠?"

진수 엄마의 눈을 물끄러미 바라보며 말씀드렸다.

"진수는 문제가 많은 아이가 아니라 성장해가면서 이런저런 사소한 문제들이 불거지는 것일 뿐이에요."

하지만 정작 하고 싶은 말은 그것이 아니었다.

"문제는 진수가 아니라 진수 엄마입니다."

내가 소아비만 아이들을 치료하면서 엄마들에게 항상 하는 말이 있다. 아이의 살을 빼는 것보다 아이가 스스로 살을 뺄 수 있는 능력을 키워주는 것이 중요하다. 아이 스스로가 살 빼는 능력을 키우지 않으면 뺀 살이 요요현상으로 돌아왔을 때 속수무책이 된다. 그러므로 아이 스스로 문제를 해결하고 성장할 수 있는 능력을 키워주되 그 능력은 반복된 습관에서 나오며, 습관은 자율적이어야 한다. 아이가 넘어졌을 때 엄마가 자꾸 일으켜주다 보면 아이는 스스로 일어나는 법을 까먹는다. 나중에는 혼자서 일어나야 한다는 당연한 사실조차 잊어버리게 된다.

요즘 아이들을 보면 올바른 습관 키우기에 여지없이 실패하고 있다. 올바른 습관이란 자기 스스로 필요성을 깨닫고, 시도와 오류를 반복하면서 깨달아가는 과정인데, 요즘 아이들에게는 이런 과정을 차근차근 밟아나갈 시간조차 주어지지 않는다.

올바른 습관을 길들이려면 스스로 규율을 정하고 그것을 제대로 수행했을 때 기쁨을 느껴야 한다. 그리고 칭찬과 격려가 따라주어야 한다. 실패하는 시도조차 시도→성취→보상→시도→실패→격려→재시도의 올바른 경로를 따라 아이들의 습관 길들이기가 진취적이고 보람 있는 행위로 자리매김해야 한다.

지금 우리 아이들이 올바르게 성장하는 데 필요한 습관을 세 가지로 요약할 수 있다.

첫 번째는 몸 습관이다.

우리 아이들의 건강은 갈수록 겉은 화려하지만 속은 초라한 외화내빈의 슬픈 나락으로 빠져들고 있다. 허우대는 멀쩡하지만 속은 텅텅 비어가는 것이 현실이다. 또한 과식으로 인한 소아비만이나 편식으로 인한 저체중이 기하급수적으로 늘어나고 있으며, 아이들의 혈액검사에서는 어른들에게서나 나타날 법한 고지혈증, 당뇨병, 지방간, 빈혈 등이 심심치 않게 발견된다. 더불어 아이들이 몸을 움직이려 하지 않으면서 아이들의 몸은 심각한 지경에 이르렀다. 유연성은 점점 떨어지고, 몸은 경직되며, 체지방이 근육을 덮어버렸다. 한마디로 나쁘게 먹고 움직이기를 싫어하는 몸이 우리 아이들을 지배하고 있다. 이제부터라도 아이들은 많이 움직이고, 일찍 자고, 바르게 먹어야 한다.

두 번째는 마음 습관이다.

대부분의 아이들에게서 보여지는 우울증, 불안 증상, 게임 중독, 반항장애 등은 증상은 달라도 공통적으로는 학업 스트레스로 인한 화병에서 기인한다. 가파른 변화와 성장 시대를 거쳐 온 한국인들은 경쟁과 학습에 대한 스트레스가 남다른 편이다. 사실 미국에서는 우리보다 훨씬 많은 학생들이 대학 입학 자격시험인 SAT를 친다. 그럼에도 불구하고 시험성적 때문에 자살했다는 한국에서 흔한 소식을 미국 아이들에게서는 듣기가 어렵다.

한국 사회와 우리 시대의 불안감과 경쟁심이 우리 아이들에게 고스란히 전염되고 있다. 그리고 이를 잘 견뎌내지 못하는 아이들은 몸이나 마음, 뇌에 심각한 문제가 생기거나, 결코 해서는 안 될 극단적인 선택에 이르기도 한다.

세 번째는 공부 습관이다.

공부는 절대적으로 자발적인 의지를 바탕으로 자신의 몸과 마음에 어울리도록 습관화시켜야 한다. 어떤 공부라도 아이에게 강요하는 것은 바람직하지 않다. 만약 아이의 미래를 염려해 공부를 권유할 때는 아이의 눈높이에서 미래의 목표가 얼마나 타당한지 제시해야 한다.

더불어 잔소리가 가져오는 부작용을 주의해야 한다. "공부해서 좋은 대학에 가야 해"라는 말 자체는 나쁘지 않다. 그러나 이 말이 아이에게 잔소리로 여겨지고, 다른 아이들과의 비교로 이어지면 아이는 공부와 대학진학을 부정적으로 받아들인다.

아이의 자발성과 부모의 신뢰가 적절하게 조화를 이루면 아이의 공부 습관은 어릴 때부터 순조롭게 뿌리를 내린다.

2
Balanced Growth Solution
긍정이 마음을 크게 한다

나는 우리나라의 부모들이 긍정을 지나치게 강조하는 탓에 아이를 망치는 경우를 자주 봐왔다. 여기서 긍정이란 '그래야 한다'는 사회 일반적인 긍정을 가리킨다. 아이가 맞닥뜨릴 수 있는 갈등이나 고민 등을 부모가 덮어버리고 무시해버리는 잘못된 긍정 편향을 말한다.

진정한 긍정이란 사물의 밝은 면만 보는 것을 가리키지 않는다. 많은 부모들이 우리 아이는 이랬으면, 우리 아이는 이럴 리가 없어 등을 남발하며, 아이를 온실 속 난초로 키우려 한다. 이 때문에 기가 센 아이들은 반항의 길로 빠진다. 진정한 긍정능력이란 대상에 있는 긍정적인 면과 부정적인 면을 모두 이해하고 받아들이는 것이다. 나아가 어떤 일을 수행할 때 긍정적인 면을 좀 더 계발시키고, 부정적인 면은 적절하게 보완하는 균형감각을 갖추는 것이다.

안타깝게 엄마들이 긍정의 덫에 걸릴수록 아이는 점점 더 부정의 늪에서 허우적거리고 만다. 엄마가 제시하는 높은 긍정기준 자체가 아이의 자존감을 깎아내리고 아이를 무력하게 한다. 그런 아이와 엄마들에게서 나타나는 특징은 다음과 같다.

첫째, 자신의 능력과 가치를 낮게 평가한다.

자신을 사랑하는 원천은 애착이다. 애착은 사랑하는 대상과의 정서적인 관계를 유지하는 행위를 말한다. 애착을 잘 형성할수록 자신의 가치를 높게 평가한다. 애착이야말로 자존감이 바로 서는 토양이다. 아이가 어렸을 때 제대로 된 애착관계를 형성하지 못하면 그것은 상처로 남아 나중에 관계를 형성하지 못하는 장애로 남거나 심리적인 문제를 일으킬 수 있다. 더구나 긍정의 덫에 빠진 부모일수록 아이와의 애착관계는 피상적으로 머물고, 아이는 자신을 쓸모없는 존재로 여기고 만다.

둘째, 아이를 대하는 부모의 태도가 부적절하다.

말 한마디가 천 냥 빚을 갚는다는 말이 있듯이 부모의 말 한마디는 아이의 긍정성을 좌우한다. 위선적이라고 할 수 있을 만큼 부모의 말에는 따스함과 격려가 넘쳐야 한다. 평소에 아이에게 보이는 따스함과 격려, 지지는 아이가 잘못된 행동을 스스로 규율 있게 통제할 수 있는 바탕이 된다. 부모의 말은 음성으로 전해지는 내용뿐 아니라 몸짓과 손짓 등의 제스처, 그리고 이런 표현의 바탕이 되는 감정적인 교감을 포함한다.

아이를 키울 때 항상 칭찬이나 격려만 해줄 수는 없다. 잘못된 부분이 있으면 지적하고 때로는 야단도 쳐야 한다. 문제는 칭찬과 지적의 비율이다.

긍정적인 신호와 부정적인 신호의 비율이 4 : 1 정도가 되어야 효과가 있다. 이것을 '모나리자 비율'이라고 한다. 모나리자 비율은 다빈치의 그림 〈모나리자〉에서 관찰되는 긍정적인 신호와 부정적인 신호의 비율을 컴퓨터로 분석한 것이다. 여기서 긍정적인 사건과 부정적인 사건의 비율이 4 : 1 정도로 유지되면 행복감, 긍정감, 그리고 긴장감을 균형 있게 갖추므로 인생의 활력을 얻을 수 있다.

그런데 주위를 살펴보면 이 비율이 역전된 경우가 많다. 아이를 통제하고, 혼을 내고, 비교하는 부정적인 신호전달이 4 정도일 때 아이를 격려하고, 안아주고, 칭찬해주는 긍정적인 신호전달은 1에 그친다. 이래서는 아이가 자신을 존중하고 사랑하는 자존감 높은 아이로 자라나기란 거의 불가능한 일이다.

셋째, 아이 스스로 긍정적인 경험을 학습할 기회를 박탈당한 경우가 많다. 긍정적인 경험이란 아이가 어떤 행위로써 성취감을 얻는 것을 가리킨다. 그러나 대부분의 경우 아이 스스로가 이것이 보람 있는 행위였다고 생각하기는 쉽지 않다. 그러므로 누군가 곁에서 자신의 행동을 인정해주고 평가해줄 때 아이는 자신의 행위를 긍정적인 경험으로 생각한다.

이때 아이에게 가장 큰 힘이 되는 사람은 바로 부모이다. 부모는 아이의 긍정적인 경험, 즉 성취나 선행에 즉각적이고 제대로 된 평가와 반응을 보여야 한다. 물론 이것이 거짓되거나 지나치게 과장되면 역효과를 일으킬 가능성도 있다. 아이의 사고방식이 비뚤어지거나 불로소득을 바라는 잘못된 세계관을 가질 수 있기 때문이다. 따라서 부모의 긍정평가는 구체적이어야만 한다. 예를 들어 '너는 잘했다.'보다는 '오늘 이런저런 점을 잘했구나.' 라고 구체적일수록 효과가 크고 좋은 결과를 낳는다.

아이와의 애착을 형성하는 데에 적극적이고, 아이에게 보이는 태도가 일관적이며, 아이가 자신을 긍정적으로 바라볼 기회를 충분히 주면서도 원칙이 분명한 부모가 아이를 훌륭하게 키우게 된다.

3
Balanced Growth Solution
균형이 뇌를
건강하게 한다

아이의 감성을 보호하고 이성적인 능력을 키우고 싶다면 균형 발달을 결코 잊지 말아야 한다.

일반적으로 사람의 뇌는 좌뇌형, 우뇌형, 중뇌형으로 나뉜다. 외우기와 반복학습이 주된 우리나라에서 공부로 인해 여러 가지 문제가 생기는 아이들은 대부분은 우뇌형이다. 우뇌형 아이는 공감각적 능력이 뛰어나지만 꼼꼼하게 일을 챙기는 세심함은 부족한 경우가 많다. 논리적 분석과 추상적 사고가 중요한 수학이나 과학에서 약점을 드러내기 쉽다.

또한 우뇌형 아이들은 이미지를 직관적으로 해석하고 기억하기 때문에 그림이나 도표가 많은 학습교재들에서 도움을 많이 받기도 한다. 따라서 우뇌형의 경우 우뇌의 기능성을 제한하지 말고 좌뇌를 훈련시켜 좌뇌와 우뇌를 균형 있게 발달시키는 전략이 필요하다. 이는 당연히 좌뇌형 아이들에게도 해당되는 전략이다. 세계적으로 성공한 축구선수들이 양발을 자유자재로 쓰듯이 양쪽 뇌를 다 발달시키는 것은 매우 중요하고도 필수적인 과제다.

알고 보면 우리 인류는 인체의 비례와 대칭성을 추구하며 진화해왔다. 신체의 대칭성은 인류 본연의 자질이자 진화의 궁극점이기도 하다. 그러나 현대를 살아가는 우리의 삶은 비대칭의 홍수 쪽에 몰려 있다. 경쟁이 너무 치열하기 때문이다. 기다림의 여유 없이 내 몸의 약한 부분을 희생하고 퇴화시키는 삶을 살아간다. 지독한 오른손잡이나 지나치게 이성적인 사람처럼 한쪽의 기능만 발달해 균형을 잃은 사람들이 점점 늘고 있다. 짧은 기간에 빠른 효과를 거둬야 하는 빨리빨리 문화는 우월한 한쪽을 지속적으로 사용하고, 열등한 다른 부분을 가차 없이 내버리도록 부추기고 있다. 이런 한쪽 사용을 부추기면 우리 아이들 역시 균형과 발전을 이루는데 장애가 된다.

아이들뿐 아니라 대부분의 사람들은 열등한 팔의 사용을 적게 하고, 우등한 팔로 모든 일을 처리하다 보니 하나는 혹사하고 다른 하나는 퇴화하는 짝짝이 팔을 갖는다. 한쪽 팔은 근육이 줄어 왜소해지고 다른 쪽 팔은 지나치게 사용해 근골격계 질환에 시달린다. 이처럼 한쪽에 치우친 성장이 질환을 일으키듯 어릴 때부터 균형 잡힌 습관을 들여놓지 않으면 한쪽 신체만 이용하는 습관으로 인해 다양한 질병을 일으키게 된다.

또한 사회가 갈수록 우뇌와 좌뇌가 골고루 발달한 균형 잡힌 인재를 요구하고 있다. 따라서 아이들에게 상하좌우를 모두 적절히 쓰는 균형건강법이 필요하고 중요해졌다.

이때 다양한 신체활동과 운동으로 뇌와 마음, 온몸의 균형을 잡을 수 있다. 물론 집중과 편집이 아닌, 평형을 기하는 전반적인 혁신과 여기에 맞는 균형적인 신체활동이 병행된다면 더할 나위 없이 좋다.

다시 말해 우리 아이들의 성장을 이끌어줄 최적의 상태인 좌뇌와 우뇌의 균형 성장을 위해 아이 몸을 균형 있고 건강하게 만들어야 한다. 그렇다면 우리 아이의 몸이 균형이 잘 잡혀 있는지 다음 세 가지 방법으로 진단해 보자.

첫째, 신체 체성분 분석으로 신체의 근육발달 상황을 살펴보고, 이로써 아이의 비대칭 정도를 체크한다. 요즘의 체성분 분석기는 신체 비대칭에 관한 한 확실한 진단이 가능할 만큼 진보했다. 그러나 이보다 확실한 방법은 부모가 아이의 근육발달 정도를 살피는 것이다. 아이와 차분하게 악수해보라. 오른쪽과 왼쪽의 악력이나 근력의 차이로 아이의 균형발달이 어느 정도 이루어지고 있는지 체크할 수 있다.

둘째, 아이가 통증을 호소하는 부위를 차분히 살펴본다. 유독 한쪽 부위에서만 통증이나 불편함을 호소한다면 이것은 그쪽이 과도하게 사용되고 있다는 증거다.

셋째, 옷을 벗긴 채 아이 몸의 비대칭들을 찾아본다. 옆모습을 보거나 사진으로 찍어 앞으로 기울어짐이 얼마나 심한지 살핀다. 가령 엉덩잇살이 짝짝이라면 이는 앉는 자세나 한쪽 발만 사용하는 것이 문제가 될 수 있으므로 반드시 교정해주는 것이 좋다.

이처럼 아이 몸의 균형 상태를 알아보고 부족한 부분을 채워주는 과정이 수반되어야 한다. 이에 아이를 포함해 가족 모두가 균형 있는 몸과 건강을 지킬 수 있는 간단한 좌우대칭 건강법을 소개한다.

TIP+ 아이와 가족의 균형을 잡아주는 좌우대칭 건강법

- 한쪽 눈을 번갈아 감는다. 이는 양쪽 안면근육을 골고루 발달시켜준다. 또 눈을 번갈아 감기를 연습하면 안면의 미세근육이 운동하고, 안구건조증을 예방하는 데에도 효과가 있다.
- 음식을 씹을 때 양쪽 어금니를 골고루 사용한다.
- 고개를 뒤쪽으로 균등하게 돌리고, 고개를 바로 들어 정면을 바라본다. 거북이 목을 한 사람 역시 마찬가지다. 오랜 시간 가슴을 움츠려서 생긴 자세이므로, 이런 사람은 의식적으로 가슴을 펴려고 노력해야 한다. 목을 뒤쪽으로 길게 빼는 습관을 들이자. 컴퓨터 앞에 앉아 오래 일하다 보면 자연스럽게 거북이 목이 된다. 현대인의 앞쪽 기울임 증세는 매우 심각하다. 일부러 시간을 내서라도 반드시 상하좌우로 스트레칭을 하자. 주기적으로 허리를 뒤로 제쳐 주는 것도 좋다.
- 바로 누워 자도록 한다. 일명 새우잠은 좋지 않다. 잠자는 자세는 성격적인 영향이 크다고 한다. 그러나 건강에 가장 좋은 잠자리 자세는 대자로 자는 것이다. 대자로 자되 몸과 허리, 뒷무릎을 지지하는 베개들을 잘 받치고 자야 한다. 대부분 심장의 반대쪽으로 누우려는 경향이 있는데, 이를 고치도록 해야 한다.
- 양쪽 팔을 골고루 사용한다. 인류가 직립하며 가장 먼저 잃은 능력 중 하나가 양쪽 팔의 고른 사용이다. 선천적인 양손잡이가 아닌 이상 사람들 대부분이 한쪽 근육이 더 발달되거나 한쪽 팔이 더 긴 불균형 상태가 되기 쉽다. 이를 분명히 의식하고 있어야 한다. 신체활동을 즐길 때 가급적 쓰지 않는 손을 이용하라. 오른손잡이라면 좀 더 신경을 써 왼손을 활용하는

활동을 늘리자. 그러려면 쓰지 않는 손의 근력을 키워야 한다. 양쪽 골고루 운동하되, 쓰지 않은 쪽의 근육운동에 좀 더 신경을 쓰자.

- 뒤로 걷고 뛰기, 뒤로 깡총 뛰기, 물구나무서기, 철봉에 매달려 있기, 허리를 뒤로 휜 채 손과 발로 땅 짚고 걷기 등은 모두 평소 쓰지 않은 근육을 골고루 발달시킨다. 이 밖에도 주로 쓰지 않는 근육의 활용법은 다양하다. 특히 림보게임은 운동효과도 뛰어나고 가족끼리도 즐기기 좋은 근육 단련 운동법이다.

PART 2

Balanced Growth Solution

뇌만 크는 아이

1

Balanced Growth Solution

몸이 바르게 자라지 않는 병, 성조숙증

병원을 찾은 9살 유진이는 신체 변화 때문에 최근 걱정이 많아져 밤이 늦도록 잠을 잘 자지 못했다. 유진이는 이미 2차 성징이 생기고 골연령도 높아져 있었다. 외관상으로 벌써 가슴이 봉긋해졌고, 골반도 많이 굵어진 아이는 내원했던 다른 성조숙증 아이들에 비해 과체중이거나 비만도 아니었다. 엄마나 아빠가 혹시 2차 성징이 빨랐느냐는 질문에서도 속 시원한 해답을 찾지 못했다. 아이에게서 유전적인 이상이나 성조숙 인자를 발견하기는 어려웠다.

유진이 엄마는 아이가 유난히 예민한 편이라고 했다. 유진이 엄마와 상담하고 검사해보니 오히려 엄마에게서 다소 높은 우울증과 스트레스를 발견할 수 있었다. 또한 아이를 대하는 태도도 매우 억압적이었다.

그래서 유진이와 따로 상담해보니 아이는 엄마의 강압적인 양육 방식 때문에 고통스러워하고 있었다. 유진이의 경우 강한 스트레스가 성조숙증을 부른 중요한 원인일 가능성이 높았다.

발달심리학적으로 유진이 엄마와 같은 '독재자형' 스타일의 양육 방식은 아이에게 적잖은 스트레스를 준다. 강압적인 양육 방식과 성조숙증과의 관련성에 대한 체계적인 연구는 아직 없지만 성조숙증과 스트레스의 연관성은 이미 증명된 바가 있다.

미국 애리조나대학교 브루스 엘리스 박사팀의 연구에 따르면 스트레스는 성조숙증의 주요 원인 가운데 하나다. 엘리스 박사 연구팀은 227개 가정의 5, 6세 여아를 대상으로 13세 때까지 관찰했다. 사회경제적 여건, 부모의 교육 방법, 집안 분위기 등을 조사하고 아이의 사춘기 증상이 나타나는 시점을 분석했다.

그 결과 집안 환경이 불안정할수록 부모나 조부모 세대보다 초경이 빨랐다. 특히 편부모이거나 억압적인 가정 분위기일수록 더 빠른 것으로 나타났다. 또 엄마가 사춘기가 빨랐거나 가난할수록 그리고 비만일수록 사춘기가 빨리 나타났다.

여성 호르몬인 에스트로겐이나 남성 호르몬 테스토스테론은 스트레스와 밀접한 연관이 있다. 성호르몬과 스트레스 호르몬은 서로 같은 기관에서 만들어지며, 서로를 간섭하기도 한다. 스트레스는 일반적으로 어린 아이가 성적으로 빨리 조숙하도록 유도하고, 중년기 여성이나 남성의 경우 빠른 폐경이나 갱년기를 맞도록 이끈다.

이뿐만 아니라 스트레스와 성조숙의 관계를 이해하는 데 단서가 될 연구는 더 있다. 심리학자인 에릭 시그먼 박사 역시 불안정한 심리 상태가 아이들의 성조숙을 이끄는 대표적인 원인으로 지목하였다. 우선 가정불화가 심하거나 편부 또는 편모 가정의 아이들에게 성조숙증이 더 많이 발생한다고 지적했다. 특히 생물학적인 친아버지가 아닌 아버지와 함께 산 아이들의 경우 성조숙증이 더 빨리 나타난다고 한다. 물론 이혼과 재혼 과정의 스트레스가 아이에게 크게 작용했을 것이다. 유전적으로 다른 양부의 페로몬이나 체취 등이 아이의 성조숙을 촉발했으리라고 보는 것이다.

또 다른 연구에서는 엄마의 정신건강이 나쁠수록 아이의 성조숙증이 빨리 나타난다는 사실도 밝혀졌다. 이는 엄마의 심리적인 건강이 나쁘면 아이의 심신 모두 빨리 어른이 되어야겠다는 반응을 일으키고, 이런 불안정한 환경이 성조숙증이 빨리 일어나도록 자극한다.

성조숙증을 일으키는 다른 요인으로는 산업화를 거치며 생활 속에 급증하는 환경호르몬을 꼽을 수 있다. 축산물이나 양식 어류 등에 든 성장호르몬에 의심을 두는 과학자들도 있다. 또한 아이들의 수면 부족이나 칼로리 과잉 식사, 과체중 역시 성조숙증을 유발하는 중요한 인자이기도 하다. 최근에는 각종 매체에서 쏟아지는 정보홍수, 과잉경쟁, 과보호 등으로 아이들의 심신 건강을 해치는 과도한 스트레스가 급증한 것도 사실이다.

스트레스가 성조숙증을 촉발하지만 성조숙증으로 인한 스트레스 또한 무시할 수 없다. 성조숙증이 나타난 아이들은 성조숙증으로 인한 신체나 정신, 호르몬 변화에 따라 심리적으로 더 동요하거나 정신적인 방황에 이른다. 성조숙증 어린이의 경우 청소년 비행을 일으킬 가능성이 매우 높다고 보고된 바 있다. 성조숙증을 앓은 아이들은 정상적인 또래에 비해 학교 성적이 낮거나 대학 진학률이 저조한 것으로 알려져 있다.

최근 선진국에서는 아이들의 성조숙증 증가 현상이 사회적인 이슈가 되고 있으며, 우리나라 역시 불과 몇 년 사이에 성조숙증 환자가 급증하고 있다.

유신이에게는 몇 가지 의학적 조치가 취해졌다. 그런데 효과적으로 치료하려면 유진이보다 유진이 엄마의 심리 상담이 더 중요했다. 예전에 몇 번 우울증 약을 복용한 적도 있었으며 남편과의 불화나 시댁과의 갈등, 자기정체성에 대한 고민 등이 그녀를 괴롭힌 문제였다.

심리치료와 독서치료로 꾸준한 자기치유 프로그램을 거치며 유진이 엄마의 자존감 저하나 우울감, 불안장애는 상당히 호전되었다. 당연한 결과겠지만 유진이의 표정도 병원을 찾을 때마다 밝아졌다.

그리고 유진이 엄마에게 이렇게 당부하는 것도 잊지 않았다.

"어떤 일이 있더라도 아이에게 이렇게 말하고 격려하세요. 괜찮아, 모두 괜찮아라고요."

2
Balanced Growth Solution

미각이 아이를
지배한다면

음식에 중독된 아이들이 갈수록 늘어나고 있다. 아이들의 성장과 건강에 가장 큰 적은 단언컨대 잘못된 식습관이다. 특히 편식과 미각중독은 어찌 해볼 수 없을 만큼 강력하고 고치기 힘든 습관 중에 하나이다.

현대인들은 자신에게 닥친 스트레스를 중독적인 반복행위로 푼다. 그중에서도 가장 널리 쓰이고 죄책감 없이 사용하는 중독행위가 음식에 대한 집착이다. 특정 음식을 반복적으로 과도하게 섭취하다 보면 미각의 기능적인 변화가 일어난다. 이는 특이한 원인이나 질환 없이 습관적으로 특정한 한 가지 맛을 반복적으로 추구하다 보면 맛을 느끼는 대뇌회로가 변하는 현상이다. 이런 변화의 가장 심각하면서도 보편화된 형태를 미각중독이라고 말한다. 특정한 맛에만 흥미를 느끼고 다른 음식을 먹었을 때 만족을 느끼지 못하는 상태가 된다.

미각중독은 특정 맛에 지나치게 끌리고 벗어나지 못하는 상태로 맛 의존, 맛 금단, 맛 내성의 특징을 보인다. 미각중독을 가진 아이들은 특정한 맛에 신체적, 정신적으로 의존하고 그것을 반복적으로 섭취한다. 자극적인 맛을 가진 음식이 일성 기간 이상 제공되지 않으면 심리적 또는 신체적인 불쾌감과 기분 저하를 느낀다. 중독 정도가 일정 수준 이상이 되면 기존의 맛으로는 만족하지 못한 채 더욱 강하고 센 맛을 찾는다. 특히 아이들은 학습회로가 열려 있고 선입견이 없기 때문에 미각중독에 빠지기가 쉽다. 지금도 극단적인 단맛, 짠맛, 고소한 맛 집착에 빠진 아이들을 많이 볼 수 있다. 미각중독에 빠진 아이들은 자기가 좋아하는 음식에만 집착하기 때문에 일반적인 건강식들을 거부하는 편식 양상을 보인다.

특히 소아 청소년의 경우 미각중독은 건강과 자존감, 그리고 사회적 활동성까지 훼손하는데 미각중독이 아이들에게 미치는 심각성을 네 가지로 살펴보면 다음과 같다.

① 소아비만을 유발한다.

중독 음식은 고칼로리를 유발한다는 면에서 위험하다. 미국에서 15년간 관찰한 바에 따르면 패스트푸드를 자주 먹는 사람은 그렇지 않은 사람에 비해 체중이 4.5kg 더 증가했으며, 인슐린 저항성에 노출될 확률이 2배 이상 증가했다.

② 편식습관을 길들이고 성장을 가로막는다.

아이들의 맛 중독은 특정 음식에 대한 기피로 나타나기도 한다. 이 특정 음식에 대한 기피는 해당 음식이 탐닉음식보다 맛의 만족감이 떨어져서 거부하는 경우와 함께 먹었을 경우 일정량 이상을 먹을 수 없으므로 허용되는 한에서 탐닉음식을 더 먹으려고 특정 음식을 거부하는 양상으로 나타난다.

거부되는 대표적인 음식은 채소와 물이다. 미각중독을 가진 사람이 채소를 싫어하는 이유는 건전한 맛이 주는 밋밋함도 있지만 오랫동안 씹어야 한다는 섬유질의 특성에도 기인한다. 즉 빨리 맛을 본 다음 삼켜서 위를 만족시켜야 하는데 섬유질은 빨리 먹기에는 대부분 부적합하다. 이런 편식은 성장에 필요한 영양소를 골고루 섭취하는 데 방해 요소로 작용한다. 따라서 편식하는 소아는 키가 작을 확률이 매우 높다.

③ 빨리 먹는다.

미각중독은 빨리 먹기에도 영향을 끼친다. 빠르게 먹을수록 소아비만으로 이어질 확률이 높아진다. 대뇌의 도파민 수용체는 빠르게 만족하기를 원하므로 미각중독을 가진 아이들은 대부분 급하게 먹는다. 문제는 빨리 먹으면 식욕 억제 호르몬인 렙틴이 관여하는 포만중추가 만족의 기회를 박탈당하므로 항상 배고픈 욕구불만 상태에 놓이게 된다.

④ 학업집중력의 저하를 일으키는 저혈당의 반복이 지속된다.

혈당 롤링 현상은 단맛 중독의 대표적인 신체 반응 기전이다. 혈당지수가 높은 음식이나 탄수화물을 단기간에 과다하게 섭취하면 이를 대사시킬 인슐린 호르몬이 다량 분비된다. 과다 분비된 인슐린으로 인해 신체는 일시적인 저혈당 상태에 빠진다. 저혈당은 집중력을 떨어뜨리고 불안감을 일으킨다. 저혈당은 다시 탄수화물을 갈구하게 해 탄수화물 폭식을 부추긴다. 이렇게 고혈당과 저혈당을 오가다 보면 탄수화물 의존성이 강력해질 뿐만 아니라 심신의 불안감과 스트레스 또한 증가한다.

> **TIP+ 우리 아이 미각중독 자가진단 체크리스트**
>
> ☐ 1. 하루라도 과자, 빵, 인스턴트커피, 라면, 고기 등을 먹지 않으면 집중하지 못한다.
> ☐ 2. 스트레스를 받으면 초콜릿, 과자, 특정 육류 등을 먹어야 해소된다. 예전과 비슷한 수준으로 먹는데도 만족스럽지 않다.
> ☐ 3. 습관적으로 좋아하는 음식을 찾거나 옆에 있으면 배가 불러도 꼭 먹는다.
> ☐ 4. 한 번 먹기 시작하면 남기지 않고 배부를 때까지 먹는다.
> ☐ 5. 주위 사람이 특정 음식을 너무 많이 먹는다고 지적하거나 스스로 군것질을 많이 한다는 자책감을 느낀 적이 있다.
> ☐ 6. 별 노력을 기울이지 않으면 금방 살이 찐다.
> (※ 이 가운데 3개 이상 항목에 해당되면 미각중독이라고 볼 수 있다.)

미각중독에 빠진 아이들은 다음과 같은 식단 솔루션으로 상황에 맞게 실천하기 용이한 것부터 고쳐나가야 한다.

> **미각중독에 빠진 우리 아이 구출하기**

1. 인스턴트 음식이나 탄수화물 섭취가 많을 때는 당지수가 낮은 식사, 규칙적인 식사, 건전한 간식을 적절히 공급한다. ➡ 인스턴트 음식, 과자, 음료수를 금한다.
2. 기름기가 빠진 건강한 단백질 식사로 뇌 호르몬의 균형을 유지한다. ➡ 육류보다 현미밥 등 채식 위주의 식생활로 단백질을 공급한다.
3. 입맛을 정화하고 입맛 인내력을 길러주는 섬유질의 하루 섭취량이 30g 이상 되도록 한다. ➡ 신선한 채소나 과일을 공급해주며, 꼭꼭 씹는 습관을 갖게 한다.
4. 혈당 공급에 악영향을 미치는 단순당 섭취는 하루 25g 이하로 제한한다. ➡ 현미나 통밀 등의 정제되지 않은 곡류로 복합당을 제공한다.
5. 하루 소금 섭취량을 4g 이하로 하는 저염 식단을 제공한다.
6. 음식을 먹고 나면 반드시 양치질을 하고, 하루에 물 1.5L 마시기를 꾸준히 실천한다.

3

Balanced Growth Solution

음식중독에 빠진 내 아이의 비만도

초등학교 5학년 소은이는 같은 반 남자 아이에게 지방덩어리라는 놀림을 받고 정신적으로 충격을 받은 상태에서 병원을 방문했다. 처음 영양평가를 해보니 학교에서 제공되는 음식량이 지나치게 많았다. 다른 친구들이 지켜보는 탓에 음식을 남길 수도 없었다. 급식 아주머니는 평소 하던 대로 아이의 체구에 맞춰 음식을 가득 담아주었던 모양이다. 아이의 입장에서는 어른에게 음식을 "적게 담아주세요."라고 말하기가 쉽지 않은 일이다. 게다가 식당 벽에 붙은 '음식을 남기면 죄입니다'라는 문구가 항상 아이의 시선을 붙잡았다.

소아비만의 위험성

Harvard Growth Study (66년 추적 관찰 연구)	각 질병으로 인한 소아비만 아동의 사망 위험도 증가
대장암	5.6배
통풍	2.7배
동맥경화	7.3배
심근경색	남아 2.5배
협심증	여아 3.7배
뇌졸중	여아 2배
관절염	여아 2배

자료: 〈아동성장 보고서〉, 하버드대학교

　내가 소아비만을 목이 아프도록 강조하는 이유는 소아비만은 '만약'이 아닌 '항상' 주의해야 하는 상태이자 질환이기 때문이다. 우리나라의 소아비만 비율은 20%를 육박해가고 있으며, 성인비만 역시 빠르게 증가하고 있다. 어른들 중 3분의 1은 항상 비만과의 전쟁이라고 봐도 무방하다.

　비만의 씨앗은 이유식을 먹는 시기에 접어들면서 시작한다고 해도 과언이 아니다.

　소아비만은 소아기의 체중이 또래보다 표준편차 이상으로 늘어나 있는 상태다. 성장기에는 지방세포의 숫자가 늘고 성인이 된 후에는 세포의 크기가 커진다. 성인비만이 주로 지방세포의 크기가 커지는 병이라면, 소아비만은 애초에 지방세포의 숫자를 늘려 비만하기 쉬운 몸 구조로 변화시킨다는 점에 심각성이 있다.

　소아비만의 교과서적인 측정 방법은 체중(kg)을 키(m)의 제곱으로 나눈 체질량지수를 구하는데, 대체로 동일 연령대에서 상위 5%까지가 비만, 15%까지가 과체중이다. 또 체질량지수가 25kg/m² 이상이면 무조건 비만의 범주에 든다고 할 수 있다.

조금 더 간단하게 할 수 있는 방법으로 아이의 키에 맞는 표준체중을 표준성장 도표에서 구한 후 '(자기 체중÷표준체중)×100'을 해서 20%가 넘으면 비만으로 계산할 수 있다.

세계 최고의 소아비만 국가라고 할 수 있는 미국에 버금가도록 우리나라 아이들의 비만이 급격하게 늘어나고 있는 이유는 아이들의 식습관이 변했다는 데 있다. 식습관이 변한 데에는 음식산업의 발전, 스트레스의 증가, 활동량의 감소와 각종 IT기구들의 범람이 원인을 차지하고 있다.

우리 아이들의 식습관을 살펴보면, 육식과 정제 탄수화물 식생활로 바뀌면서 고기반찬이나 고탄수화물 음식이 아니면 밥을 먹지 못하거나 각종 패스트푸드로 끼니의 대부분을 채우는 아이들이 늘어나고 있다. 번창하는 외식문화와 식품산업은 건전하고 몸에 이로운 음식보다는 자극적이고 과식을 유도하는 불량음식을 제공하고 우리 아이들은 그 음식에 중독되고 있다. 특히 탄수화물 중독, 설탕 중독을 비롯한 음식중독의 위험성이 사회적으로 문제가 될 가능성까지 있다.

설탕 중독의 경우 중독성의 정도나 강도가 담배나 알코올에 뒤지지 않는다고 한다. 음식산업은 맛을 내려고 액상과당 같은 중독성 설탕을 많이 쓸 수밖에 없다. 또한 맞벌이가정이 늘면서 가정식보다 외식의 비중이 높아졌다. 외식은 채소나 과일과 같은 미량 영양소가 많은 식자재보다는 밀가루, 설탕과 같은 고열량 저영양 식자재를 주로 쓰기 때문에 영양 불균형이 심하다. 뿐만 아니라 아이들의 학업량이 늘어나면서 가정에서 조리해

식습관으로 살펴보는 소아비만 조기 진단표

'항상'이나 '자주'가 3항목 이상이면 소아비만의 우려가 높다.

사 항	항상	자주	보통	아주 가끔	전혀
1. 음식은 배가 부를 때까지 먹는다.					
2. 식사 후에 배가 불러도 맛있는 것이 있으면 또 먹는다.					
3. 먹지 않다가 한꺼번에 몰아서 많이 먹는다.					
4. 군것질을 많이 한다.					
5. 편식한다.					
6. 맵고 짠 음식을 자주 먹는다.					
7. 콜라, 사이다와 같은 청량음료를 자주 먹는다.					
8. 인스턴트 음식을 자주 먹는다.					
9. 패스트푸드를 자주 먹는다.					
10. 기름에 튀긴 음식이나 볶은 음식을 자주 먹는다.					
11. 하루 2시간 이상 텔레비전을 보거나 컴퓨터 게임을 한다.					
12. 밖에 나가 놀기보다는 집에 있기를 좋아한다.					
13. 가까운 거리도 걷지 않고 차를 탄다.					
14. 호주머니에 돈이 생기면 우선 먹는 것부터 산다.					
15. 남들보다 음식 먹는 속도가 빠르다.					
16. 맛있는 음식이 있으면 남이 먹지 못하도록 잽싸게 먹는다.					
17. 심심할 때마다 먹는다.					
18. 많이 먹은 후에 항상 후회한다.					
19. 화가 나면 먹는다.					
20. 내 모습을 보기가 싫다.					

서 먹더라도 아이들과 여유롭고 건강한 식사보다 빨리 요리해서 먹을 수 있는 인스턴트 음식을 선호해, 강렬한 자극과 즐거움을 주는 나쁜 음식들이 식탁을 점령할 수밖에 없게 되었다.

소아비만의 문제점 알아보기

- 어린 시절의 입맛은 학습효과가 강해 평생 이어진다.
- 특히 어린 시절의 잘못된 식생활은 잘못된 입맛으로 학습되어 소아비만이나 저체중 등의 신체질환, 정서장애, 신체성장의 장애, 학습능력의 장애 등을 일으킨다.
- 성인비만으로 이동할 확률이 높다. 한번 비만은 평생 비만이 되기 쉬우며, 소아비만의 80%가 성인비만으로 이어진다.
- 미국의 한 연구 결과에 따르면 비만한 아동의 경우 하버드대학교 등의 명문대에 들어갈 확률이 절반에 불과하며, 정상체중의 아동에 비해 비만한 아동의 뇌 용적이 8% 정도 작아지는 등 학업능력이 떨어진다.
- 키가 작아진다. 성조숙증을 일으키고 성장호르몬을 교란시켜 성장판을 일찍 닫히게 한다.
- 우울증과 공격성 행동의 증가, 외모에 대한 비관으로 왕따 등의 대인관계 장애가 온다.
- 소아당뇨, 고혈압, 고지혈증, 간 기능 이상 등의 소아성인병을 일으켜 건강 수명이 짧아진다.
- 운동능력이 떨어지고 유연성, 민첩성이 부족해진다.

아래 그림이 대표적인 케이스다. 잘못된 입맛에 길들여져 음식중독에 빠진 비만인의 뇌 사진은 마약중독자의 뇌 사진과 유사하다.

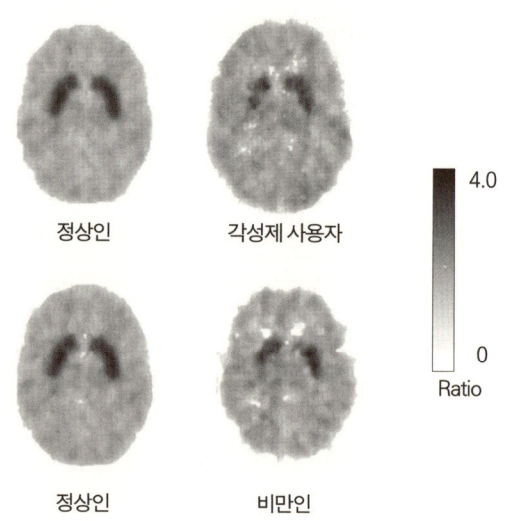

비만인과 정상인의 뇌 사진 비교

따라서 소아비만이 되기 쉬운 고위험군에 해당하는 생활습관을 하나라도 가지고 있다면 서둘러 교정해야 한다.

소아비만이 되기 쉬운 생활습관

- 잦은 TV 시청
- 활동량의 부족
- 빨리 먹기

- 공부 스트레스가 많은 경우
- 수면시간의 부족
- 짧은 식사시간

비만을 방지하는 생활습관을 사소한 것 하나라도 어릴 때부터 실천하는 것이 중요하다. 시기가 빠를수록 아이가 비만에 걸리지 않거나 벗어날 확률이 높으며 부모님의 생활습관 지도에 대한 순응도 역시 좋다.

> **TIP+ 비만 방지 생활습관 이렇게~**
>
> - 아침식사는 반드시 한다.
> - 저녁식사는 8시 전에 한다.
> - 저녁식사는 포만감을 느낄 수 있도록 섬유질이 풍부한 음식으로 한다.
> - 30번 이상 꼭꼭 씹고 식사시간을 20분 이상 사용한다.
> - 야채 섭취를 두 배로 늘린다.
> - 잠자기 2시간 전에는 아무것도 먹지 않는다.
> - 기분이 좋지 않을 때는 음식을 제한한다.
> - 음식일지를 쓴다.
> - 탄수화물, 단백질, 지방의 비율을 6 : 2 : 2로 균형을 맞춘다.

4

Balanced Growth Solution

아이는 제대로 먹고 있나요?

　　　　　　　　　　소아비만 환자들을 치료하다 보면 아무리 살을 빼려고 해도 잘 빠지지 않는 경우와 빠진 살이 기어코 다시 찌는 경우가 있다. 여기에는 낮아진 기초대사량이라는 비밀이 숨어 있다. 비만 청소년들은 지방세포의 증가로 인한 기초대사량뿐만 아니라 신진대사가 저하되어 있다.

　기초대사량은 몸의 체온과 밀접한 연관이 있으며, 활성화된 기초대사량은 균형성장의 바로미터다. 기초대사량이 떨어진 아이들에게서 비염, 아토피, 잦은 감기, 만성피로 등이 동반된다. 기초대사량이 낮은 아이는 수면도 짧을뿐더러 그 수면의 질 또한 좋지 않다. 그런데 기초대사량을 측정하면서 나온 결론은 기초대사량을 좌우하는 요소는 수면, 운동습관, 스트레스 등으로 다양하지만 그중에서도 가장 중요한 것이 식습관이다. 특히 기초대사량을 떨어뜨리는 최악의 식사법은 불규칙한 식사습관이다. 식사 거르기, 들쭉날쭉한 식사량, 불규칙한 식사시간, 일정하지 않고 길고 짧은 것을 반복하는 식사시간은 모두 기초대사량을 낮추는 습관이다. 식사를 자주 거르거나 식사시간이 일정하지 않으면 우리 몸은 언제 들어올지 모르는 음식을 기다리며 일종의 동면 상태에 빠진다. 겨울철 동면에 들어가기 전 곰이 몸에 지방을 가득 채우는 것과 같은 원리다. 축적 모드로 바뀐 몸은 들어온 칼로리를 적절하게 분해하고 대사하기보다는 몸속에 지방으로 쌓으려는 경향이 높아진다.

또한 식사량이 들쭉날쭉하면 우리 몸의 칼로리 사용 기준점이 제일 양이 적었던 식사에 맞춰진다. 따라서 음식물이 많이 들어와도 들어온 칼로리를 낮은 사용 기준점에 맞춰 아낀다. 따라서 기준점에 근거해 남아도는 음식물은 더 많이 더 쉽게 지방으로 축적된다. 0-1-2가 1-1-1보다 3배 더 위험한 까닭도 여기에 있다. 기준점이 0이므로 우리 몸이 점심과 저녁의 1과 2 식사를 모두 지방으로 쌓아두려고 한다.

평소보다 짧은 시간 안에 음식을 먹는 것도 우리 몸의 포만중추를 교란시켜 식욕 억제 호르몬인 렙틴의 건전성을 악화시킨다. 즉 렙틴이 활동할 이유가 없어져 과식으로 이어진다.

기초대사량이 낮아진 몸은 어지간한 변화를 시도해도 꿈쩍하지 않는 비효율적인 상태가 되어버린다. 들어온 음식을 지방으로 쌓아만 두고 에너지로 쓰지 않으므로 많이 먹어도 무기력한 상태에서 벗어나지 못한다. 몸속에 지방이 남아돌아도 허기가 지고 기운이 없는 까닭이 여기에 있다.

이를 극복하려면 식사법을 획기적으로 바꿔야 한다. 알맹이 식사가 그것이다. 전에 먹던 빈껍데기 음식을 속이 꽉 찬 알맹이 식품으로 바꿔 식탁을 채워야 한다. 그리고 하루 세 끼를 꼬박꼬박 챙겨 먹고, 천천히 맛을 음미하며 꼭꼭 씹어 먹는 습관을 들여야 한다. 더불어 기초대사량을 높이는 식재료와 음식을 골라 밥상에 올려야 한다. 기초대사량을 높이는 음식으로는 채소와 같은 질긴 섬유질 음식이나 고추, 양파 같은 맵거나 쓴맛의 음식들이 있다. 섬유질 음식은 섭취 과정에서 꼭꼭 씹기를 유도해 그 자체로 좋은 열량 소모 음식이라 할 수 있다. 특히 고추에 들어 있는 캡사이신은 체지방을 태우는 다이어트 식품으로 기초대사량 증진에도 효과가 있다. 이처럼 기초대사량을 높이는 알맹이 식사는 어떻게 해야 할까?

① 세 끼 식사를 일정한 시간에, 일정한 양으로 거르지 않고 먹는다.
식사를 거르거나 양이 일정하지 않으면 우리 몸은 생존본능에 따라 축적 경향을 강화시키고 기초대사량을 낮추는 방향으로 몸을 변화시킨다. 즉 먹지 않으면 다음에도 먹지 않을 것을 대비해 몸은 축적 효율을 높인다.

② 아이는 알맹이 음식을 먹도록 한다.
알맹이 음식은 영양 면에서 탄수화물, 지방, 단백질의 비율이 6 : 2 : 2로 균형을 이루고, 하루 30g 이상의 섬유질과 1g 이상의 칼슘, 그리고 필수 비타민과 미량 무기질이 풍부한 음식이다. 더불어 소금의 양은 5g 이하여야 한다. 또한 가급적 푸드 마일리지, 즉 음식을 만드는 재료가 우리 식탁에 올라오기까지의 이동거리가 짧은 토종음식이면 더 좋다. 비타민과 미네랄이 풍부하게 살아 있기 때문이다.
여기에 들어맞는 것이 우리 한식이다. 한식은 세계적인 균형식의 반열에 들어 있다. 하지만 한식에는 한 가지 치명적인 단점이 있다. 장이나 절임음식이 많아 자칫 소금 섭취량이 많아질 수 있다는 점이다. 따라서 소금 간만 적정한 선에서 유지한다면 우리는 다른 나라 사람들처럼 굳이 메뉴를 개발하지 않아도 부족함이 없다.

③ 섬유질을 먼저 충분히 섭취한다.

섬유질은 비타민과 미네랄의 보고이자 꼭꼭 씹기의 선생님이다. 부피를 많이 차지해 먼저 먹으면 포만감을 채우는 데에도 훨씬 유리하다.

④ 아이의 체중에 맞게 하루 1~2L의 물을 마신다.

적당한 수분 섭취는 기초대사량의 상향조정을 균형 있게 유지한다.

⑤ 꼭꼭 씹어 먹는다.

씹기 행위는 그 자체로 기초대사량을 올려준다.

⑥ 식사시간에 다소 매운 고추 한두 개씩을 날로 먹는다.

매운 고추는 기초대사량을 높여주는 착하디착한 채소다.

5
Balanced Growth Solution

내 아이, 자극 민감성은 아닐까?

예림이는 깔끔한 외모의 학급 부반장을 맡고 있는 중학교 2학년 여학생이었다. 그런데 부쩍 복통이 심하고 체중이 줄어 엄마와 함께 병원을 찾았다. 인터뷰를 해보니 예림이는 행복해지기 가장 어려운 성격이라 할 수 있는 완벽주의 성향이 있었다. 성적이 조금이라도 떨어지면 우울한 기분이 며칠을 갔다. 친구들에게 싫은 소리하는 것을 싫어하며, 방은 항상 깔끔하게 정리되어 있어야 했다.

복통이 시작될 즈음 예림이는 반장인 경수에 대한 못마땅한 감정이 극에 달해 있었다. 하루 이틀이 아닌 묵고 묵힌 감정이었다. 경수가 자신과는 달리 대충 일하는 스타일이었기 때문이다. 예림이의 성격대로 조심스레 에둘러 지적을 했으나 경수의 반응은 건성이었다.

하루하루 갈수록 복통이 심해져 음식을 먹는 것이 두려울 지경이었다. 예림이는 경수에게 겨우 말문을 열었다. 의외로 경수는 쉽게 자신의 잘못을 시인했지만 그때뿐이었다. 이후 이러지도 저러지도 못하던 예림이는 불안장애와 만성적인 과민성 대장증후군 증세로 병원을 찾았다.

아이들의 15~20% 정도는 선천적으로 예민하게 태어난다. 그런데 이런 기질 외에도 우리 아이들을 둘러싼 삶의 환경은 아이들의 예민성을 지속적으로 강화시킨다. 지나치게 예민한 아이들은 사소한 일도 크게 생각하고, 아무렇지 않은 일에도 큰 의미를 부여한다. 결국 예민성은 몸과 마음에 파고들어 쉽게 지치고 상처받기 쉬운 몸과 마음을 만들기 십상이다. 자아의 완벽한 성숙이 이루어지기 전에 너무나 많은 생각이 아이를 괴롭히면 아이들의 자아정체성은 형편없이 무너지고 만다.

자극 민감성은 자신의 몸과 마음을 지치게 하고 성장 에너지마저 잃게 한다.

자극 민감성 아이들의 특징 알아보기

- 쉽게 놀란다.
- 아주 직관적이다.
- 다른 사람이 맡지 못하는 냄새를 곧잘 맡는다.
- 변화에 쉽게 적응하지 못한다.
- 다른 사람의 고통에 매우 괴로워한다.
- 조용하게 놀기를 즐긴다.

- 나이에 걸맞지 않게 진지한 질문을 한다.
- 사소한 변화를 놓치지 않고 알아차린다.
- 감정의 기복이 심하다.

그렇다면 아이들이 사소한 자극에도 민감해지고 스스로 불안해지는 '자극 민감성'은 어디에서 오는 것일까? 그것은 우리 현대인들이 예외 없이 처한 생각 과잉에 답이 있다.

생각 과잉은 정보 과잉에서 온다. 특히 우리 청소년들은 정규적인 학습정보와 비정규적인 감각정보의 홍수 속에서 산다. 하루 종일 학교와 학원을 오가며 국영수의 거대한 수레바퀴 밑에서 자신의 머리와 몸을 혹사시킨다. 불행하게도 이런 공부 스트레스를 푸는 방법마저도 정보 과잉의 변형된 형태다. 틈만 나면 컴퓨터 게임이나 온라인 서핑에 몰두하고 스마트폰을 통한 게임과 문자보내기, SNS 등으로 시간을 보낸다.

정보 과잉이 반복되면 머리는 이제 더 이상 새로운 정보가 들어갈 틈이 없는 정체현상에 빠지거나, 유익하거나 새로운 정보는 거부하고 자신의 뇌에 아부하는 쾌락성 정보만 추구하는 상태에 빠진다. 중독과 정체는 무기력을 낳아 얼키설키 뒤엉킨 생각들은 질서 없이 꼬리에 꼬리를 무는 반복회로를 구축하는데, 이 반복회로는 부정적인 걱정을 확대 재생산한다.

따라서 지나치게 과잉된 생각과 정보를 줄이는 것이야말로 우리 아이들의 자극 민감성을 치유하는 첫걸음이다. 그 핵심적인 방법으로 '생각 중지 훈련'을 추천한다. 하루에 10분 정도 시간을 내어 하는 이 훈련은 단지 10분 동안 생각을 머리에서 지울 뿐만 아니라 머리를 재충전하고 공부의욕을 북돋우는 활력제로도 작용한다.

> **TIP +** '생각 중지 훈련'으로 재충전하기
>
> ① 가급적 조용한 장소를 찾아가라. 어느 정도 익숙해지면 지금 앉아 있는 책상이나 의자에서도 생각을 멈출 수 있다.
> ② 어떤 문제에 대한 생각이 마음에 가득 찰 때 다른 건강한 생각을 곁들여라. 여러 생각이 흐르도록 해서 문제되는 생각이 마음을 독점하는 상황을 차단한다.
> ③ 생각을 중지할 준비를 하라. 전자시계나 모래시계를 이용해 중지 순간을 정하는 것도 좋다. 손목에 차고 있던 고무줄을 튕기거나 손바닥을 치는 것도 생각을 중지하는 데 도움을 준다.
> ④ 생각이 멈추도록 '생각 중지' 혹은 'stop'을 강하게 외쳐라.
> ⑤ 10분 정도 머리에 생각이 텅 빈 상태를 유지하라. 생각이 끼어들려고 할 때 강하게 제지하라. '너한테 관심 없어, 사라져'라고 마음속으로 외쳐라.
> ⑥ 눈을 감는 것이 정석이지만 숲이나 화분, 그림 등을 보면서 해도 좋다.

6
Balanced Growth Solution
아이의 키가 크지 않는다면

초등학교 6학년 영수의 고민은 또래에 비해 작은 키는 아니지만 문제는 작년부터 키가 거의 크고 있지 않다는 것이었다. 급기야 5학년 후반에 2차 성징이 나타나면서 영수의 가족은 비상이 걸렸다. 병원을 찾은 영수 어머니는 세상이 다 무너진 듯한 표정이었다. 아빠가 크지 않다 보니 영수가 아빠의 유전자를 그대로 물려받은 것 같다며 낙담한 표정이었다.

아이를 키우는 엄마들의 큰 관심사는 제 아이의 키와 성적이다. 남자는 185cm, 여자는 키가 167cm가 되어야 한다는 공식이 암묵적으로 정해진 듯하다. 이 키에 도달하는 것을 또 하나의 입시 과제처럼 여기는 사회 분위기다. 진료실에서 남자아이의 예상 키가 170cm가 안 될 것 같다고 하면 사형선고를 받은 것처럼 충격을 받는 부모와 아이들도 있다.

그럴 때면 키가 공부처럼 자신의 노력 여하에 따라 늘어났다 줄어들었다 하는 것이 아니라는 사실을 오히려 다행으로 생각한다. 만약 그랬다면 아마 남보다 더 키가 크려고 일류 대학 가기에 못지않은 치열한 경쟁 분야가 되었을 것이다. 얼마 전 SBS 〈붕어빵〉 프로그램을 자문했을 때도 아이들의 예상 키 하나하나에 부모들의 희비가 갈리고 아이들은 스튜디오에서 울음을 터뜨리는 해프닝이 일어났다.

키 성장은 부모의 키가 가장 큰 영향을 미치지만 후천적인 요인에 의해서도 크게 좌우된다. 최종 키에 영향을 미치는 요인은 부모로부터 물려받은 유전 키와 후천적인 요인에 의한 성장의 변화 두 가지로 압축된다. 부모로부터 물려받은 키는 고정변수다. 남자아이는 아빠의 키, 여자아이는 엄마의 키에 더 큰 영향을 받는다. 유전적 키는 아빠의 키와 엄마의 키를 더해서 반으로 나눈 다음 남자아이는 6.5cm를 더하고 여자아이는 6.5cm를 빼는 식으로 구하기도 한다.

그런데 최근 경향을 보면 후천적인 요인의 중요성이 점점 늘어나고 있다. 특히 현대인의 생활습관이 다양해지고 영양학적 개입이 늘어나면서 후천적인 요인이 차지하는 비중은 앞으로도 더욱 더 늘어날 것으로 보인다.

후천적인 요인을 잘 조절하려면 매 시기 아이들의 성장에 큰 영향을 미치는 성장호르몬을 잘 알아야 한다. 태어나서 영유아기에 주로 작용하는 호르몬은 갑상샘 호르몬과 성장호르몬이고, 사춘기 전까지 작용하는 호르몬은 성장호르몬이다. 이때 사춘기에는 성장호르몬과 성호르몬이 상호 상승작용해서 키를 키운다. 따라서 키 크기에 가장 큰 영향을 미치는 성장호르몬의 생성과 분비를 원활하게 하기 위한 노력이 필요하다.

성장호르몬은 적절한 영양 섭취와 운동과 수면관리가 이루어졌을 때 최대한 효율적으로 분비된다. 현미, 통밀, 보리 등의 복합당질, 비타민D와 고급 영양소가 풍부한 콩류, 생선, 견과류, 비타민과 영양소가 풍부한 시금치와 당근 등의 채소, 칼슘이 풍부한 우유 등을 골고루 섭취해야 키로 가는 영양소가 충분히 공급된다. 하루 8시간 이상 규칙적으로 자고, 키 성장에 도움을 주는 운동을 하는 것이 필요하다.

키가 크는 데 영향을 끼치는 것을 살펴보면 영양이 31%, 운동 20%이며 환경과 유전이 각각 26%와 23%를 차지한다. 아울러 아이의 성장이 끝나기 전 시기는 사춘기 이전으로 남자아이는 16, 17세이며 여자아이의 경우 14, 15세 사이다. 따라서 사춘기 이전에 좋은 성장환경 조건을 마련해야 하며, 특히 초등학생 시기가 매우 중요하다.

성호르몬의 지나치게 빠른 분비, 즉 성조숙증이 생기지 않도록 해야 한다. 키 성장에 부정적인 영향을 미치는 지나친 체중 증가를 초래할 수 있는 인스턴트 음식을 제한하고, 유산소운동을 규칙적으로 장려한다. 또한 지나친 스트레스는 아이의 성장호르몬 분비를 억제하고 키 성장에 부정적인 스트레스 호르몬을 분비하므로 스트레스를 잘 관리해주어야 한다.

아동의 주된 스트레스 원인이자 부모와의 갈등 요소가 되는 학업 스트레스를 예방하려면 평소에 아동의 학습패턴에 맞는 적절한 학업관리로 아이의 성적을 합리적으로 유지해서 공부 스트레스를 지나치게 받지 않도록 해주어야 한다.

물론 정상적인 성장이 평균적인 성장이라고 말할 수는 없다. 어떤 아이는 또래보다 크면서도 불만일 수 있고, 어떤 아이는 또래보다 작으면서 만족할 수 있다. 따라서 본인이 가진 성장 잠재력을 최대한 자연스럽고 건강한 방법으로 나타내야 정상적인 성장이라고 볼 수 있다.

정상적인 성장이란 키와 몸무게가 소아 청소년에게 열등감을 줄 정도로 문제가 있지 않으며 자신의 몸에 대한 자부심이 있는 상태를 가리킨다. 체지방과 근육이 적절하게 조화를 이루면 성인이 되었을 때의 골격 형성에 지장이 없으며, 두뇌 발달이 적절하게 일어나 소아 청소년기의 학업과 성인기의 업무를 수행하는 데 적절하다. 그럼으로써 소아 청소년기에 필요한 자존감, 관계력, 정서조절력 등을 제대로 갖출 수 있다.

그러나 정상적인 성장을 가리키는 이 모든 조건들이 다 갖추어질 수는 없다. 모든 조건을 갖추려는 것 자체가 스트레스가 되어 아이들의 자발성을 억압할 수 있다. 소아 청소년기의 성장을 좌우하는 원칙은 합리적인 목표 설정과 과정관리다. 목표를 향해 노력하는 과정에서 우리 아이의 몸과 마음이 건강하고 행복하게 성장할 수 있다.

이때 아이가 제대로 자라고 있는지 궁금하다면 아이가 자라나는 성장속도는 표준성장 도표를 참고해보면 알 수 있다. 또래 100명 중 작은 순부터 50번째로 큰 키를 다소 작다고 여기는 보호자들이 있으므로 100명 중 작은 순부터 75번째를 기준으로 목표를 설정하고 노력해도 무방하다. 키 못지않게 중요한 것이 키에 알맞은 몸무게다. 몸무게의 경우 신장 대비 100명 중 작은 순부터 50번째에 근접하도록 하는 것이 바람직하며, 적어도 25번째에서 75번째에 위치할 수 있도록 해야 한다. 과체중이나 저체중은 성장과 건강 모두에 악영향을 미칠 수 있기 때문이다.

저성장이 의심되는 경우

- 3세 이후 평균 키보다 약 10cm 작은 아이
- 3세 이상부터 사춘기 전까지 1년에 평균 4cm 이하로 자라는 아이
- 만 6세에서 키가 105cm 이하인 경우
- 학습 인원 50명 중 키 순서대로 앞에서 1, 2번째인 아이

7
Balanced Growth Solution

키는 마음을 먹고 자란다

우리나라만큼 바쁘게 돌아가는 사회가 있을까? 바쁜 삶은 겉보기에는 화려하고 역동적이게 보일지 모르지만, 내면을 다스리고 내실을 다지는 일에는 서툴기 마련이다. 아이가 건강하고 바르게 자라려면 부모의 올바른 자세가 필요하다는 것은 삼척동자도 아는 일이다. 나는 한걸음 더 나아가 아이가 행복하려면 엄마가 행복해야 한다고 말하고 싶다.

세상에 아이의 행복을 바라지 않는 엄마는 없다. 다만 그 방법을 모를 뿐이고, 방법을 알더라도 기존의 관계를 새로운 방식으로 이끌고 갈 에너지를 가지고 있지 않을 뿐이다.

그래서 아이가 행복하기 위해 엄마가 할 수 있는 방법 여섯 가지를 소개한다.

① 엄마가 행복해야 한다.

엄마가 불행하면서 아이가 행복할 수는 없다. 불행한 엄마는 자신의 감정을 아이에게 투사한다. 아이는 엄마의 눈치를 보거나 과대 투사된 엄마의 기대에 억눌려 자신의 에너지를 상실한다. 아이를 행복하게 하고자 하는 엄마는 자신의 가치를 실현하고 즐겁게 생활할 궁리부터 해야 한다.

② 엄마가 말하기보다는 아이의 말을 듣는다.

엄마가 들어주는 것만큼 아이에게 힘이 되는 일은 없다. 그러나 대다수의 엄마들은 지나친 아이사랑 때문에 자신의 이야기를 하기에 급급해 아이의 이야기를 자른다. 허리가 잘린 아이의 이야기는 아이에게 좌절로 돌아가거나 억눌린 화로 남을 뿐이다. 끝까지 인내력을 가지고 들어주기만 해도 된다.

③ 엄마가 목표를 설정해주는 것이 아니라 아이와 목표를 공유한다.

엄마의 목표가 아이의 목표가 되지 말라는 법은 없다. 다만 엄마의 목표가 아이의 목표로 일방적으로 전달되어서는 안 되며 아이가 스스로 받아들여야 한다. 아이가 자신의 언어로 자신의 목표를 확신 있게 이야기할 때 그 목표는 힘을 가진다.

④ 아이에게 일관된 교육지침과 교육태도를 보여준다.

엄마의 교육관이 확립되어야 하며, 감정에 따라 아이를 대하지 말아야 한다. 일단 아이중독에서 벗어나서 객관적으로 아이의 삶을 바라보는 통찰력과 아이와의 감정적 충돌이 있을 때 한번 멈추고 말하거나 행동하는 여유가 필요하다.

⑤ 아이를 믿고 신뢰한다.

엄마가 아이에게 믿음을 보이면 아이의 자존감은 급상승한다. 반면에 아이는 엄마가 자신을 믿지 못한다고 생각할 때부터 자존감을 잃고 관계 능력에서 항상 을이 된다.

⑥ 아이를 잘 키우는 엄마는 아이를 느리지만 차근차근 키운다.

환경호르몬이 많이 배출되는 플라스틱이나 각종 화학물질들로부터 거리를 둔다. 아이에게 '빨리'보다는 '천천히', '차근차근히'를 주문한다. 인위적으로 짜 맞추는 것보다는 자연주의 육아 가치관에 입각해 아이를 키운다. 패스트푸드보다는 슬로우푸드를 즐기며, 아이의 눈높이에서 성공이나 경쟁보다는 삶의 질과 행복의 가치를 항상 염두에 둔다.

PART 3

Balanced Growth Solution

몸만 크는 아이

# 1
Balanced Growth Solution

스트레스가 아이를 힘들게 한다

우리 아이들의 몸은 해가 갈수록 조금씩 커지는데 비해 마음과 뇌는 정체되거나 퇴행하고 있다. 원인은 다양하겠지만 가장 큰 뿌리를 꼽으라면 우리 아이들을 옭아매고 있는 스트레스가 핵심이다.

소아비만으로 우리 병원을 찾는 아이들의 절반은 소아비만이 진짜 원인이 아닌 경우가 많다. 소아비만은 겉으로 드러난 증상이고, 그 속에 도사린 우울증과 불안증, 화병이 아이들을 살찌운 진짜 원인인 경우가 많다.

문제는 이런 심리적 불안정이 과도한 공부 스트레스와 비교 위주의 교육 방식에서 비롯되고 있다는 점이다. 핀란드의 중학생들은 오후 3시 정도가 되면 몇몇을 빼고는 모두 집으로 귀가한다고 한다. 그렇다고 특별과외나 학원 수업이 더 있는 것도 아니다. 그리고 엄마와 같이 장을 보고 저녁을 준비한다. 저녁식사 후에는 가족들끼리 모여 대화를 나누거나 함께 책을 읽고 독서토론을 하는 것이 핀란드 중학생들의 흔한 일상이다.

우리로서는 상상할 수 없는 이야기다. 저녁 9시가 되어도 집에 들어오기는커녕 자기주도 공부법 운운하며 아이들에게 더 많이 공부하라고 독려하며, 공부가 인생을 바꿔줄 것처럼 이야기한다.

그나마 스트레스 대응능력이 조금이라도 남은 아이들은 공부법을 고쳐서라도 공부를 잘 해야겠다는 마음을 먹을 수 있고, 또 부모가 옆에서 시킬 수 있는 것이다. 하지만 그렇지 못한 아이들도 있다.

어느 다큐멘터리에서 목격한 장면인데 인상적이었다. 앞에 수학문제를 푸는 선생님과 교실 뒤쪽에 누워 잠을 자거나 핸드폰으로 연신 딴 짓을 하는 아이들이 함께 촬영된 교육 다큐멘터리였다. 의사 입장에서 저런 경험이 반복되면 아이들에게 심한 소외감이나 박탈감이 생길 것 같다는 판단이 들었다.

우리나라 학생들의 공부 스트레스는 세계적으로, 아니 인류사에서 유래를 찾기 힘들 정도로 대단하다. 어마어마한 공부 스트레스에 짓눌려 아무것도 제대로 하지 못하는 아이들이 가득한 곳이 우리나라다.

그런데 이 스트레스가 바로 공부를 방해하는 첫 번째 장애물이다. 적당한 스트레스는 능률을 높이는 좋은 자극제가 되지만, 스스로 감당하기 힘든 스트레스는 심신에 문제를 일으키고 치명적인 질환까지 가져오는 무서운 대상이다. 심지어 과도한 스트레스는 뇌의 발달을 막거나 뇌를 파괴해 치매까지 유발하는 최악의 대상이다. 글을 떼기도 전에 우리 아이들은 사회가 만들어놓은 감당하기 어려운 공부 스트레스에 노출된다.

그러다 보니 공부 스트레스로 인해 자신이 가진 소중한 능력과 강점, 잠재성을 잃고 스스로를 고립시키거나 방치해버리는 아이들이 늘고 있다.

최근 급증하는 게임중독이나 청소년의 비행, 탈선, 자살, 소아비만, 소아 성조숙증 등은 모두 사회 안에 무섭게 도사리고 있는 공부 스트레스와 밀접한 연관이 있다. 동시에 공부 우울증 역시 매우 심각하게 증가하고 있다.

현아는 공부 우울증 때문에 공부는 물론 일상생활을 제대로 할 수 없는 아이였다. 그런데 현아 엄마가 소아비만 클리닉인 우리 병원을 찾아오면서 내세운 이유는 아이의 폭식과 요즘 들어 하루가 다르게 늘어나는 몸무게로 인해 아이의 집중력이 떨어지고 성적이 내려가고 있다는 것이었다. 그러니 살을 빼서 가벼운 몸으로 성적을 올려야 한다고 느끼는 것 같았다. 그런데 현아를 살펴보면 공부를 전혀 하지 않는 것도 아니었다. 성적도 중상위권이었다. 하지만 본인은 자신의 부족함과 게으름을 항상 채찍질하고 자책한다. 일종의 폭식증 증상 때문에 병원을 찾은 현아는 공부를 하지 않은 채 몇 시간 지나면 극도의 우울증과 짜증 때문에 도무지 아무것도 할 수 없다고 했다. 그래서 그런 자기모멸감이나 자책감을 벗어나려고 어쩔 수 없이 머리에 들어오지도 않는 책을 펼쳐놓고 공부를 하고 있다고 했다.

현아의 유일한 스트레스 해소법은 인스턴트 음식 섭취였다. 그러나 이것 역시 아이러니하게도 바쁜 학원들을 옮겨 다니면서 현아의 스트레스를 풀어줄 대상이 단맛으로 무장한 인스턴트 음식밖에 없었기 때문이다. 현아의 사례는 우리 아이들에게 흔하게 일어나고 있다.

우리나라는 핀란드를 근소한 차이로 쫓으며 항상 OECD 국가들 간의 학력평가시험에서 2위를 차지한다. 한국의 입시관계자가 으쓱하며 우리가 핀란드를 근소하게 뒤쫓고 있다고 하자, OECD 교육국의 책임자가 이렇게 말했다고 한다.

"한국 학생들이 세계에서 가장 우수한 학생들에 속하는 것은 사실이죠. 하지만 세계에서 가장 행복한 아이들은 아니에요. 공부를 많이 해야 하고 아이들 사이의 경쟁이 치열하니까요. 한국 학생들은 핀란드에 비해 공부에 대한 의욕이 낮아요. 그래도 성적은 좋죠. 왜일까요? 바로 경쟁 때문이죠."

그 경쟁과 스트레스를 견디지 못해 추락하는 아이들이 너무나 많다. 지금의 아슬아슬한 세계 2위는 아이들의 안타까운 스트레스가 만든 모래성이다.

2

Balanced Growth Solution

자존감이 낮은 아이들

 병원을 찾는 아이들 중에는 소아우울증, 소아비만 아이들뿐만 아니라 정상적인 정서와 인식을 갖고 있지만 왠지 모르게 날이 갈수록 학업성적이 떨어지고 반항심이 늘어나는 아이들도 있다. 대부분의 엄마들은 아이들이 왜 그러는지 이유를 모르고 불안해한다.

이런 아이들의 심리는 매우 복잡하고 다층적이다. 지극히 정상적이다가 어느 한계를 넘어서면서 자신에 대한 믿음과 자존감이 사라지고 비정상적인 것에 몰두하거나 두려움, 산만함, 분노, 우울, 자괴감, 열등감, 짜증, 무기력함, 식탐 등 셀 수 없이 많은 이상 심리가 교차한다. 따라서 아이의 뒤엉킨 심리를 읽고 이해해야만 아이들이 올바른 정서능력을 지키도록 도와줄 수 있다.

<u>아이의 심리치료 첫 번째 항목은 우울감과 자존감이다.</u>

　심리적으로 허약한 아이들에서 가장 많이 볼 수 있는 것이 우울감과 자존감 저하이다. 외모나 학습, 인간관계, 부모들과의 대화 등 다양한 면에서 아이의 자존감은 낮아질 수 있다. 친구나 어른들과 이야기할 때 눈을 맞추지 못하거나, 어려운 상황을 회피하거나 짜증을 많이 낸다면 자존감이 저하되었다고 볼 수 있다.

　자존감이 낮으면 정서불안이나 우울감과 같은 각종 심리적인 문제를 동반하기도 쉽다. 더불어 학습능력에도 지장을 초래하며, 심한 경우는 소아비만이나 저체중 등의 신체적 이상 증상까지 야기한다. 학습이나 대인관계에 자신감을 갖지 못하고, 쉽게 음식이나 게으름의 유혹에 빠지고 만다. 따라서 아이의 자존감을 높이는 일이야말로 중요하다. 아이들이 스스로를 사랑하고, 규칙적이고 바른 생활을 해나가는 데에 가장 중요한 심리적 에너지가 자신감과 자존감이기 때문이다. 이 둘은 동전의 양면처럼 함께하는데 자존감이 높을수록 아이들의 자신감도 넘치기 마련이다.

　그러기 위해서는 우선 엄마의 양육 패턴을 바꿔야 한다. 아이의 자존감에 상처를 입히는 행동, 아이를 윽박지르거나 무시하는 등의 공포요법이나 강압적인 훈육 방식은 아무런 성과를 내지 못한다. 많은 부모들은 원칙적으로는 아이의 자존감을 높여야 한다는 사실에 동의한다. 하지만 조금만 살펴보면 일상 여기저기에 아이의 자존감을 떨어뜨리는 행동이나 태도, 말 등이 침투해 있다. 이런 부모라면 반드시 일상적인 습관과 말을 고쳐나감으로써 아이의 자존감을 높여줘야 한다.

　부모가 실패와 실수를 강박적으로 대하면 아이는 자존감을 잃는다. 한두 번의 실수에도 예민하게 대하거나 윽박지르고, 지나치게 많은 목표와 과제를 제시하면 아이는 자신을 쓸모없는 존재로 여기거나 무능력하다고 판단하기 쉽다.

하버드 대학생들의 어린 시절 관찰에서 어떻게 하면 아이의 자존감을 높일 수 있을지에 대한 힌트를 얻을 수 있었다. 하버드 대학생들은 어릴 적 '공부해'라는 잔소리보다는 '다 괜찮을 거야'라는 이야기를 가장 많이 들었다고 답했다. 따라서 내 아이가 설령 실수하거나 실패하더라도 그것들은 모두 인생을 살아가는 과정의 일부라고 여기게끔 더 격려하고 지지해주어야 한다. 이것이 누구보다 뛰어난 심리치료사로서의 엄마의 자질이다.

더하여 아이의 자존감을 높이려면 부모의 좀 더 세심하고 적극적인 자세가 필요하다. 항상 아이의 정서적인 행동에 반응할 수 있는 열린 태도가 필요하다. '나 안아줘'라든가, '나 기운 없어'라고 말할 때는 정서적 충족을 바란다는 뜻이니 지체하지 말고 아이에게 사랑의 말이나 스킨십을 해주는 것이 좋다. 아이의 심리를 잘 살피고 정서적 요구에 부응하는 부모가 아이의 자존감을 북돋을 수 있다.

이 밖에도 아이의 자존감을 높이는 데 다양한 방법이 동원될 수 있다. 특히 독서를 통한 정서교육인 독서치료와 문학치료, 자신의 생각을 정리하는 글쓰기, 일기쓰기 등은 자아정체성과 자존감을 높이는 데에 좋다.

아이의 심리치료 두 번째 항목은 스트레스다.

아이들을 음식 의존증에 빠뜨리는 주범은 대개 스스로 감당하기 힘든 스트레스다. 그런데 살이 찌면 음식 의존증에 더 시달리고, 음식중독은 아이의 정신건강을 황폐한 지경으로 몰고 간다.

스트레스 다운사이징, 즉 스트레스를 없애거나 줄이는 방법은 심리적 허약감을 해결하는 매우 중대한 축이다. 문제는 우리 삶에 산재한 스트레스가 마음먹는 대로 없앨 수 있는 것이 아니라는 점이다. 산다는 것은 수많은 스트레스와 마주하는 여정이다. 스트레스 대응력이 부족한 아이들에게 너무나 힘겨운 것은 스트레스와 싸우는 일이다.

스트레스를 피하라고 주문하면 부모들은 대개 스트레스가 될 만한 상황을 피하고 보자는 회피전략이 최고인 양 오해한다. 하지만 특정 상황을 지나치게 회피하려고 하다 보면 아이에 대한 또 다른 과보호를 낳을 우려가 높다. 아이를 스트레스 대상이 없는 곳으로 데리고 가 접근을 금하는, 아주 간단하고 명확한 지름길의 유혹에 빠진다. 그러나 이것은 일단 피하고 보자는 임시변통이지 근본적인 해결책이 될 수는 없다. 사실 진정한 스트레스 대처법은 도망치는 것이 아니라 스트레스의 수준을 낮추고, 당면한 스트레스를 슬기롭고 효과적으로 대처하는 방법을 스스로 연마하는 것이다.

아이가 스트레스 대응력을 키우려면 먼저 아이의 일상을 점검해야 한다. 아이들은 비밀 만들기를 잘한다. 따라서 다시 한 번 면밀하게 살펴, 미처 알지 못했던 내 아이의 스트레스를 찾아야 한다. 가령 학교에 왜 가기 싫어하는지, 괴롭힘을 당하는 일은 없는지, 놀림의 대상이 되고 있지는 않은지, 다른 사람이나 연예인과 자신을 비교하며 자기비하에 빠져 있지는 않은지를 세심하게 체크해야 한다.

때로는 심리전문가의 도움을 받아야 할 상황도 있다. 그러나 이런 외부의 도움만큼이나 중요한 것이 부모의 지지와 관심, 응원이다. 아이가 다시 회복할 때까지 신뢰의 감정을 가질 수 있도록, 자기 확신과 자신감을 가질 수 있도록 가정과 주변에서 더 강력하게 지지해야 한다.

이와 더불어 아이의 스트레스를 줄이는데 도움이 될 만한 긍정적인 활동을 늘리는 것이 좋다. 아이가 평소 하고 싶었던 일, 산책, 재미있는 취미거리를 제공하면 아이는 몰입하면서 그동안 쌓여 왔던 부정적인 감정이나 불안감을 상당 부분 해소할 수 있다.

그 밖의 심리치료 대상으로는 아이의 과잉행동, 산만함, 공격성이나 짜증, 무기력함이 있다. 물론 이런 심리들은 저마다 각각의 치료법이 존재한다. 하지만 대개의 경우 이런 행동의 기저에는 정서적 결핍이나 불안감이 존재한다.

따라서 부모의 정서적 충족이나 불안감을 줄여주는 정서적인 대화 등은 이런 문제를 해결하는 데 많은 도움이 된다. 특히 엄마와 아이 사이의 정서적 대화는 서로의 유대감을 높여줄 뿐만 아니라, 아이가 가진 다양한 불안과 두려움을 낮추는 가장 좋은 치유책이다. 반대로 엄마가 일방적인 대화를 리드는 방식은 아이의 자발성을 저해하고 의존감을 높일 수 있다.

서로의 기분과 감정을 헤아리는 정서적인 대화 관계를 유지하되, 대화의 내용은 아이의 자발성을 높이는 쪽으로 유도해야 한다. 아이의 자발성을 높이는 대화란 다양한 문제를 놓고 아이에게 선택과 판단의 여지를 더 제공하여 이 과정에서 아이의 자존감 향상과 문제 해결능력을 높이는 효과를 볼 수 있다.

이처럼 아이의 잘못을 묻는 것이 아니라 부모의 의사를 완곡하면서도 세심하게 전달하는 대화가 중요하다.

3
Balanced Growth Solution

비만할수록 공부도 몸도 약하다

　　　　　　　　　　　우리나라의 소아비만 증가율이 그동안 최대 소아비만 국가였던 미국을 앞지른 지 오래되었다. 그런데 소아비만은 단순히 아동의 성장 과정에서 나타날 수 있는 다양한 상태 중 하나로 규정지을 수 없는 심각한 질병이다. 소아비만 아동들은 신체적, 정서적 이상 징후들이 많이 나타나는데, 특히 아동의 학업성적과 면역력에도 부정적인 영향을 미친다.

　미국 캘리포니아대학교 폴 레이 교수는 정규직 노동자 6,312명을 대상으로 몸무게와 임금 수준의 상관관계를 따졌다. 그 결과 최저임금에 해당하는 사람들이 모여 사는 지역에 체질량지수(BMI)가 30 이상인 비만 환자의 수가 훨씬 많았다. 비만한 사람이 가난하다는, 혹은 가난한 사람이 더 비만해지기 쉽다는 사실을 증명하는 또 하나의 증거다.

우리나라 역시 저소득층이 밀집된 곳에 소아비만 어린이 수가 더 많다는 연구 결과가 발표된 바 있다. 별다른 노력을 하지 않을 경우 더 많은 아이들이 소아비만으로 불행해질 수 있다. 저소득이 비만을 부른다면 비만 역시 저소득의 씨앗이기 때문에 이 불행한 연결고리는 반드시 끊어내야만 한다.

개인적인 생각으로는 아이의 미래를 위해 반드시 소아비만은 치료되어야 한다는 생각을 해왔다.

소아비만은 성장기 어린이의 건강한 뇌 발달을 막는 최악의 질병이다. 비만은 뇌 발달에 필수적인 영양소를 비만한 몸을 유지하는 데 다 써버리기 때문에 정상적인 뇌 영양 공급을 방해한다. 이 때문에 아이가 비만할수록 뇌 발달은 더 지체되고 저해될 수밖에 없다.

실제 비만한 사람의 뇌가 정상인의 뇌보다 작다는 보고가 있으며, 비만은 뇌의 정상적인 보상회로를 망가뜨려 음식충동이 강화되는 악순환을 만든다. 비만한 아이들은 대부분 학습이나 취미생활 등의 정상적인 성취와 보상에 대한 관심이나 동기보다는 음식으로 욕구와 만족감을 해결하는 악순환에 빠져 학습능력이나 일 수행 능력이 현저히 떨어지고 만다.

이는 임상에서 더 극명하게 드러난다. 나는 병원을 찾은 아이들의 심리와 학습능력을 반드시 점검하는데, 비만할수록 아이들의 집중력과 인지능력이 가파르게 떨어지는 것을 예외 없이 목격했다. 심하게는 또래에 비해 50% 이상 인지능력이나 집중력이 떨어지는 경우도 빈번하다.

또한 비만은 지능이나 학습능력만 낮추는 것이 아니라 아이의 사회생활과 미래의 삶도 어렵게 만든다. 비만한 아이들은 각종 정서장애나 성격문제를 동반하는데, 이는 정상적인 사회생활이나 인간관계를 막는 커다란 저해 요인이다. 특히 사회생활을 원천적으로 방해하는 반항장애를 겪는 비만 어린이나 청소년이 매우 많다.

결론적으로 비만은 아이의 사회적 성공이나 경제생활이 남보다 뒤처지게 하는 직접적인 요인이 된다. 하버드대학교 건강연구소의 고트마커(Gortmaker) 교수는 10,039명에 달하는 광범위한 조사로 비만한 청소년은 고등학교 성적이 대부분 낮으며, 정상적인 아동에 비해 우수 대학에 합격할 확률이 절반에 불과했고, 졸업 후 연봉도 정상 아동들에 비해 평균 6,710달러 적다는 사실을 밝혀냈다. 아마 이 격차는 시간이 갈수록 커질 것이다.

비만으로 인한 직접적인 경제적 피해도 막대하다. 미국 조지워싱턴대학교 연구진은 비만 치료에 드는 의료비 외에 비만 환자를 직원으로 둔 회사에서 제공하는 직원병가, 생산성 손실, 그리고 비만 환자가 차량에 탑승할 경우 추가로 드는 휘발유 등의 경제적 비용을 합산한 결과, 비만 환자 한 명에게 소요되는 연간 비용이 남성의 경우 우리 돈 약 310만 원에 달하는 2,646달러, 여성의 경우 약 570만 원인 4,879달러에 이른다고 보고했다. 게다가 비만이 조기 사망과 관련되어 있다는 점을 고려하면 비만으로 인한 비용은 더욱 늘어난다. 남성의 경우 연간 최대 760만 원대인 6,518달러, 여성의 경우 연간 최대 8,365달러로 우리나라 돈으로 환산하면 약 970만 원에 달할 것으로 예상했다. 이 피해 액수 역시 매년 급증할 것이다.

당연히 기업의 입장에서는 고비용 저효율을 낳는 이런 비만 환자의 고용을 꺼릴 것이고, 비만인 경우 직업 선택이나 취업의 원천적인 핸디캡이 될 것이 자명하다. 일반적으로 비만 인구가 겪을 경제적인 차별이나 격차는 늘면 늘었지 결코 줄지 않을 것이다.

이렇게 소아비만은 몸매나 외모, 건강에 국한된 문제가 아니다. 소아비만은 장차 아이의 미래를 송두리째 짓밟는 시한폭탄과도 같은 문제다. 비만 어린이는 그 출발점부터 갖가지 난관을 안고 인생을 시작할 수밖에 없다.

소아비만으로 진료실을 찾아오는 엄마들에게 자주 듣는 이야기가 덩치는 산만한 녀석이 감기를 달고 산다는 것이다. 일반적으로 비만한 어린이의 경우 각종 면역력 저하를 겪고 다른 아이들보다 더 자주 감기에 감염된다. 미국 노스캐롤라이나대학교 멜린다 벡(Melinda Beck) 박사팀은 쥐 실험으로 비만한 쥐가 정상 체중의 쥐에 비해 감기나 독감에 더 잘 걸리는 것은 물론, 회복한 후에도 항체를 제대로 생성해내지 못해 다시 2차 감염되는 경우가 빈번하다는 사실을 밝혀냈다.

비만한 쥐는 감기에 걸린 후에도 기억 T세포를 만들지 못해 재차 감기에 걸리는 것으로 판단된다. 기억 T세포는 항원을 기억하고 있다가 동일한 항원이 침입했을 때 신속히 증식해 몸을 보호하는 면역세포다. 비만은 이 기억 T세포의 능력을 감퇴시키는 것으로 판단된다.

비만이 면역 기능의 오작동을 일으키는 가설은 따로 있다. 면역 기능이 필요할 때, 아픈 부위에 작동하지 않고 엉뚱한 정상조직에 화풀이하는 현상을 자가면역질환이라고 한다. 갑상샘염이나 당뇨 등의 내분비질환이나 류머티스 관절염 등이 대표적인 자가면역질환이다.

사람을 대상으로 한 연구에서 비만 자체가 여타 자가면역질환처럼 면역시스템을 혼란시킨다는 연구 결과들이 광범위하게 제출되고 있다. 이들 연구에 따르면 우리 몸은 비만 자체를 정상적이지 않은 하나의 염증

질환으로 보기 때문에 비만한 사람의 면역시스템은 비상시에만 출동되어야 할 면역세포가 일상적으로 동원되어 항상 긴장하고 있는 과면역(overimmnity) 상태가 된다.

물론 이런 과면역 상태가 면역 기능을 떨어뜨린다는 증거로 연결되기까지는 보다 많은 증거가 필요하겠지만, 비만 자체가 면역 기능을 서둘러 소모시키고 이상 활동을 일으킴으로써 생기는 대표적인 병이 인슐린 저항성과 대사증후군의 원인이라는 것은 널리 인정되고 있다.

비만이 아이들의 체력과 면역력을 현저하게 떨어뜨리는 또 다른 이유는 무엇일까? 비만과 신체활동의 반비례 효과에서 이를 찾아볼 수 있다. 비만으로 인해 무거워진 몸은 신체활동을 꺼리고, 그로 인해 아이들의 근육량도 점차 줄어든다. 근육량이 줄면 당연히 신체활동을 더 꺼리고, 이런 악순환이 반복되면서 아이의 체력과 면역력을 저하시키는 결정적인 결과를 가져온다.

실제로 프랑스 공공보건감독연구소 연구팀이 신종플루로 사망한 이들을 분석한 결과, 절반 이상이 이미 다른 질환으로 병을 가지고 있었다고 한다. 그런데 그중에서 가장 많은 질병이 바로 비만이었다. 비만과 면역력의 상관관계를 짐작할 수 있는 조사 결과다.

이러한 여러 연구 결과를 종합해보면 소아비만 어린이에게 가장 필요한 것이 바로 적정한 신체활동과 운동이라는 결론에 이른다. 이 둘이 잘 충족되어야만 높은 면역력과 체력이 유지될 수 있다. 따라서 비만 어린이들이 기피하는 운동과 신체활동을 어떻게 실천하도록 할지에 집중해야 한다.

면역력 증진과 관련해 우리가 비만 아동의 체중을 감량하는 것 못지않게 신경 써야 할 것이 수면과 영양이다. 소아비만 아이들은 대개 수면의 질이 떨어진다. 수면 무호흡이나 잠에서 깨는 일이 자주 발생한다. 또한 소아비만 아동에게 많은 코골이나 수면 중 입 호흡 역시 장기적으로는 아이의 건강을 심각하게 해칠 수 있는 요소다.

아이의 완전한 면역 작동은 정상체중일 때 가장 원활하다. 빈 곳은 채우고 넘치는 곳은 버리는 지혜처럼 과체중인 아이는 체중을 줄이고, 저체중인 아이는 체중을 늘리는 노력을 기울여야 감기나 기관지염 같은 바이러스 질환으로부터도 자유로워질 수 있다.

아이의 출발점을 평등하게 만들어주는 일, 이것은 부모에게 기본적으로 요구되는 의무임을 잊지 말자.

4
Balanced Growth Solution

'뇌의 힘'이 떨어지는 아이들

 엄마들이 가장 걱정하는 두 가지가 있다면 단연 아이의 키와 공부다. 그런데 공부는 무턱대고 시킨다고 되는 것도 아니고 윽박지른다고 성적이 오르는 것도 아니다. 아이의 특성과 심리를 잘 파악해서 스타일에 맞게 이끌어줘야만 아이는 제대로 된 공부 성과를 낸다.

 그런데 우리 주변을 보면 엄마의 의도는 그렇지 않은데 엄마가 개입하면 개입할수록 오히려 아이의 '뇌의 힘'을 꺾어버리고 공부력을 약화시키는 서글픈 현상을 종종 발견할 수 있다.

 여기서 뇌의 힘이란 공부에 대한 의지, 목표 설정, 태도, 그리고 공부 방식 등이 총체적으로 결합된 아이의 공부력을 가리킨다. 즉 뇌의 힘은 당장의 학업성적을 나타내는 단기적인 지표뿐만 아니라, 지금 기초를 다져 점차적으로 힘을 발휘하는 중장기적인 공부효율 지표라고도 할 수 있다. 뇌의 힘이 강한 아이는 학업성적에 두각을 나타낸다. 공부 성과는 자발성과 꾸준함, 그리고 시스템의 집합체이기 때문이다.

초등학교 저학년에게서 뇌의 힘의 편차는 그리 크게 나타나지 않는다. 오히려 뇌의 힘이 약한 아이들도 학업 성적이 그다지 낮지 않다. 오히려 높은 경우가 많다. 이는 공부 스트레스나 강압적인 공부 규율이 지배한 결과로 볼 수 있다.

반면에 뇌의 힘이 약할수록 초등학생의 학년이 올라감에 따라 성적은 점점 낮아지는 경향이 강했다. 중학생, 고등학생이 될수록 뇌의 힘과 아이의 성적은 결국 반비례하였다.

초등학교 6학년 박 군의 경우는 학업에 대한 스트레스가 심했다. 아버지가 교수이고 엄마가 의사였던 박 군의 경우 학업 성적은 우수했지만 최근 들어 학교 가기가 싫다는 횟수가 부쩍 늘었으며, 학원 숙제를 마무리하지 않고 가기가 일쑤였다. 5학년에 들어오면서 급작스럽게 체중이 증가했고, 엄마는 아이의 학업 기피증을 소아비만 때문이라고 확신하고 병원을 찾았다.

실제로 박 군을 진찰한 결과 학업 스트레스 및 학업 기피증이 심했다. 그대로 방치할 경우 학업성적의 저하는 불 보듯 뻔했다. 박 군은 학업 스트레스를 몰래 먹기와 폭식, 과식으로 풀고 있었고, 이것을 감시하는 어머니와의 갈등도 극에 달해 있었다. 면담 도중에도 "가출하고 싶다, 죽어버리고 싶다."는 표현까지 서슴지 않았다.

이렇게 변한 문제의 발단은 초등학교에 들어갈 때부터 각인된 공부를 잘해야 한다는 스트레스와 부모님의 기대에 대한 부담 때문이라고 할 수 있다. 가끔 엄마의 공부하라는 소리가 환청으로 들린다고도 했다. 이처럼 부모의 공부에 대한 열망과 이를 지키려는 아이의 부응 의지가 도리어 학업 의욕을 상실하는 것으로 나타난 전형적인 케이스였다.

박 군의 경우 실제로 체중이 늘면서 학업능력의 객관적인 저하도 나타나고 있었는데, 주의력의 장애가 그 징후였다. 즉 공부 의욕의 저하뿐만 아니라 이전에 비해 오랜 시간 동안 집중하지 못하는 주의결핍 징조가 나타나고 있다. 주의력 테스트에서도 최근의 불안 상태를 표출한 박 군의 표현으로는 한 30분간 집중하고 나면 단 음식이 눈앞에서 어른거린다고 했다. 이는 전형적인 혈당 롤링 현상이었다.

일반적으로 소아비만 아동들의 뇌력이 저하되는 요인은 혈당 롤링 현상 외에도 다음과 같다.

뇌력을 저하시키는 요인

- 수면의 질 저하
- 뇌 혈류 순환의 장애
- 세로토닌의 결핍
- 심리적인 우울감과 스트레스

따라서 나는 소아비만 아동들이 학업성적의 저하를 호소하면 반드시 빠른 시일 내에 체중감량에 나설 것을 주문한다.

치료하다 보면 공통적으로 관찰되는 현상이 있다. 체중감량과 학업 성적 상승이 단편적인 인과관계로만 맞물리는 것이 아니라 서로가 원인과 결과를 뒤바꾸어 나타나는 순환적인 관계로 현상화한다. 즉 소아비만에 걸리면 뇌의 힘이 떨어지고, 뇌의 힘이 약한 아이들은 소아비만에 걸리기 쉽다. 반대로 뇌의 힘을 키우면 체중감량 의지가 상승하고, 정상체중으로 돌아가면 돌아갈수록 아이의 뇌의 힘은 증가한다.

이것은 우리 아이들이 갖고 있는 몸맘뇌 상호작용 때문이다. 몸과 마음과 뇌는 서로 상호작용하며, 한 가지가 고장 나면 다른 부분도 취약해지기 쉽다. 그러나 나머지 두 부분을 굳건하게 잘 구축해놓으면 한 가지 부분에 위기가 왔을 때 대응하는 능력 또한 높아진다.

그렇다면 아이들의 몸맘뇌 지능을 긍정적인 방향으로 상승시키는 방법은 없을까? 몸 지능, 맘 지능, 뇌 지능 중 아이가 가장 선호하고 가장 용이한 부분부터 먼저 집중하는 것이다. 세 마리 토끼를 다 쫓으려 하면 아이는 과부하의 덫에 걸리기 쉽다. 따라서 아이에게 맞는 것부터 시작하자.

TIP+ 다중지능을 강화하는 법

- 아이의 적성이 강한 지능 부분을 먼저 찾아본다. 아이에게 어떤 활동을 할 때 가장 기분이 좋고 행복감을 느끼는지 물어보면 대부분 아이들의 강점 지능을 쉽게 찾을 수 있다.
- 아이의 적성이 강한 지능 부분들 중 적용이 가능한 부분부터 먼저 시도한다.
- 나머지 부분에 대한 스트레스는 최대한 줄인다. 몸 지능 계발이 필요하다고 생각하면 뇌 지능에 관련된 학원이나 과외 등을 일시적으로 줄인다.

- 도달한 부분에 긍정적인 피드백을 아끼지 않는다.
- 이후에 모자란 지능 부분은 아이에게 선택권을 주어 스텝 바이 스텝으로 양을 늘려나간다.

박 군의 경우 몸 지능 부분이 발달되어 있었는데, 그동안 과도한 학업 스케줄과 스트레스 때문에 몸 지능은 억압되어 있었다. 그래서 박 군에게 남자다움과 스트레스를 발산할 수 있는 복싱을 추천했다. 이후 복싱학원에 다니는 순간부터 표정이 달라졌다고 한다. 복싱을 하면서 체중감량에 속도가 붙었고, 그러면서 학업 기피증 또한 감쇄되었다.

아이의 약한 고리에 계속 집착하지 말고 아이의 강한 고리를 찾아 우회할 수 있는 부모의 지혜와 인내가 아이를 행복한 아이로 바꾸어 갈 수 있다.

5
Balanced Growth Solution

자신을 사랑하지 않는 아이

　　　　　　　　　　많은 아이를 치료하지만 도저히 난공불락인 경우가 있다. 그건 바로 아이가 자신을 사랑하지 않을 때다. 발전하고 교정할 방법은 제시해줄 수 있지만 자기 자신을 사랑했을 때 최대로 만들어지는 생동감 있는 성장 에너지는 기대하기가 어렵다.

　그렇다면 어떤 아이들이 자신을 사랑하지 않는 아이라고 할 수 있을까? 아이가 자신을 '사랑하지 않는 가장 단순한 징표는 꿈이 없다는 사실이다. 요즘 자라나는 청소년들에게 꿈을 물어보면 '모르겠어요' 내지는 '없어요'라며 퉁명스레 대답하는 경우가 많다. 더 나아가 일부 소아 청소년들은 오히려 꿈을 가지는 것을 싫어하거나 혐오한다고 말한다. 꿈이 없다는 것은 지금 현실에서 주어지는 여러 가지 과제들을 수행할 이유가 없다는 의미다. 그리고 그것을 이겨낼 에너지가 없다는 표현이다.

옆에서 이런 대화를 지켜보는 부모는 속이 탄다. 아이에게 윽박지르고 싶어 한다. 그러나 꿈은 가지라고 해서 가질 수 있는 것도 아니고 누가 줄 수 있는 것도 아니다. 자신이 간절하게 원해야 생기는 것이 꿈이다.

그렇다면 왜 한창 이런저런 상상의 나래들로 미래지도를 그려야 할 아이들의 마음속에서 꿈이 사라져버린 것일까? 그 특징은 다음과 같다.

꿈이 없는 아이들의 특징 알아보기

- 부모의 무기력이 아이에게 전달되어 아이도 무기력해진다. 꿈이 없는 아이들이 나타내는 대표적인 질환이 우울증이다. 우울증은 우울한 기분, 흥미 상실, 에너지 소실 등으로 이어지며 이런 아이는 매우 예민하다. 이런 아이들을 살펴보면 부모가 무기력하거나 우울증을 앓고 있는 경우가 많다.
- 부모의 지나친 간섭이 아이를 지치게 한다. 특히 아이에 대한 엄마의 유별난 집착이 아이를 질리게 한다. 아이는 자유로운 존재여야 되는데 자유로움이 속박 당하면 거기에서 벗어나는 데 에너지를 소진하기 쉽다. 이렇게 지친 아이는 꿈을 갖기가 쉽지 않다.
- 부모의 불화가 아이에게서 꿈을 앗아간다. 꿈이란 지금의 세상이 살만하고 살아낼 만한 가치가 있다는 판단에서 시작한다. 즉 아빠와 엄마의 사이가 좋지 않으면 아이가 바라보는 세상은 늘 불안하고 불행할 수밖에 없다. 당연히 아이는 꿈을 가질 필요성을 잃어버린다.
- 과잉보호는 아이를 온실 속의 화초로 만든다. 꿈은 스스로 꾸는 것이며, 불편과 어려움을 무릅쓸 각오를 다지는 것이다. 과잉보호 속에 자

란 아이는 스스로 꿈꾸고 얻어내야 한다는 단순한 진리조차도 습득하지 못하게 된다.

꿈이 없는 아이들은 에너지를 쏟지 못한 채 시간을 낭비하거나 자기관리가 약해서 자기를 돌보거나 조절하는 데 미숙함을 드러낸다. 에너지가 없다 보니 공부하지 않고, 게임이나 인스턴트 음식 등의 중독적 행태를 쫓는다. 그렇다면 언제까지 꿈이 없는 상태를 방치할 것인가? 아이들의 꿈 찾기는 매우 희망적이다. 본인이 납득하고 받아들이기만 하면 어른처럼 망설이거나 주저하지 않는다. 그것이 나의 꿈이라고 철썩 같이 믿고 따른다.

어떻게 해야 잃어버린 아이들의 꿈을 찾아줄 수 있을까? 이 고민은 '아이가 어떻게 하면 스스로 꿈꿀 수 있을까?'와 같다. 주어를 바꾸는 일부터 시작하자. 찾아주는 것이 아니라 아이 스스로가 꿈을 찾도록 옆에서 지원하고 도와주는 것이다. 꿈은 제시한다고 아이의 것이 되지 않는다. 아이가 스스로 찾을 때 온전히 아이의 몫이 된다. 아이들의 꿈을 찾아주는 부모의 역할은 다음과 같다.

첫째, 아이 스스로 꿈을 찾을 수 있도록 한다.

아이들의 꿈 찾기에 가장 좋은 롤 모델은 부모이며 학습의 과정을 통해 이뤄진다. 하늘에서 한 번에 떨어지는 것이 아니라 토양 속의 거름이 쌓이고 쌓여 어느 날 소중한 꿈으로 꽃핀다. 아이가 가장 많이 보고 배우는 대상은 바로 부모다. 부모가 꿈을 쫓아 열심히 노력하고 성장하는 모습을 보여주면 아이는 자연스럽게 꿈을 가진다.

아이에게 부모의 소박한 꿈을 끊임없이 이야기하자. 그리고 그것을 이루려고 노력하는 모습을 보여주자. 집에 들어와서 TV나 컴퓨터 앞에만 앉아 있는 부모에게서 아이는 진정한 롤모델을 발견할 수 없다. 부모부터 먼저 운동으로 몸을 가꾸고 책 읽기로 모범을 보이자.

둘째, 간접경험을 풍부하게 해야 한다.

꿈이 없는 아이들이 늘어난 가장 큰 이유는 의미 있는 간접경험이 줄어든 데 있다. TV나 스마트폰으로 만나는 세상은 매우 제한적이고 획일적이다. 아이를 꿈꾸게 하는 최고의 간접경험은 독서다. 위인, 여행, 세계, 과학 분야 등의 다양한 책을 꾸준히 읽게 하자.

셋째, 성취감을 키워줘야 한다.

조그만 일이라도 자기가 이루고 성취한 아이는 새로운 에너지를 얻는다. 어렵고 거창할 필요가 없다. 사소한 일이라도 이루면 그것으로부터 얻는 성취감은 대단하다. 더불어 부모나 선생님의 진심 어린 칭찬이 어우러지면 금상첨화다.

넷째, 선행의 경험을 갖게 한다.

자기보다 못한 사람과 비교해서 긍휼심을 가지라는 말이 아니다. 선행을 하면 '마더 테레사 효과'가 일어나 내 몸의 긍정 호르몬인 도파민과 세로토닌이 용솟음친다. '마더 테레사 효과'란 남을 돕는 활동으로 내 몸의 면역기능이 올라가고, 행복지수가 상승하며, 자존감이 높아지는 정신적, 신체적, 사회적 변화를 말한다. 이 효과를 극대화시킬 수 있는 것이 아낌없는 봉사활동이다. 아이들의 봉사 경험은 아이의 몸이 먼저 긍정을 배우고 행복을 꿈꾸는 놀라운 변화를 만들어낸다.

  이처럼 긍정과 꿈은 주입한다고 해서 가져지는 것이 아니다. 이것 역시 진지한 교육과 체계적인 학습에 의해서만 이루어지는 사실임을 늘 명심해야 한다.

6
Balanced Growth Solution

컴퓨터, 스마트폰에 빠진 내 아이들

아이가 게임이나 인터넷 중독에 빠진다고 해서 아이의 의지가 약하거나 문제가 있다고 생각할 수만은 없다. 원래 아이들 자체가 그러하도록 태어났기 때문이다. 아이들은 어른과 달리 몰입을 즐기고 몰입에 빠지는 경향이 강하다. 하지만 그것이 몰입이 아니라 중독이라면 어떻게 할 것인가?

몰입하려면 몰입 대상과 관련한 다양한 능력을 겸비해야 하며, 시간적인 여유나 마음의 안정, 환경적인 배려와 같은 외적 상황들이 잘 뒷받침되어야 한다. 하지만 이런 조건들을 성숙시키기란 쉽지 않다. 많은 교육과 훈련, 그리고 시간적, 경제적 여유가 뒤따라야 한다.

이에 비해 중독은 간편하다. 중독의 대상을 구매하거나 찾아서 의존하면 그만이다. 그러면 쾌감은 즉각적으로 일어난다. 물론 인터넷 게임이나 쇼핑중독 같은 경우 복잡한 알고리즘이나 다양한 구비 조건, 또 그에 관한 지식을 겸비해야 한다. 그러나 역시 몰입보다 허용도가 높고 내적 자원이 아닌 외부 도구, 게임프로그램 같은 의탁물에 의존한다는 점에서 진정한 몰입의 범주에 들기 어렵다. 물론 인터넷이나 쇼핑을 몰입의 수준에서 잘 활용하는 예도 있다. 따라서 순수한 아이의 경우 그런 중독적 기제에 금방 빠져드는 것은 지극히 당연한 일이다.

그렇다고 컴퓨터나 스마트폰에 대한 중독을 무한정 방치해서는 결코 안 된다. 이것은 결국 아이의 시간을 소모시키고 성장 과제에 대한 에너지를 방전시켜 아이가 올바르게 성장하는데 결정적인 장애로 작용하기 때문이다.

스마트폰이나 컴퓨터 중독을 다루는 데 있어 우리가 놓쳐서는 안 될 것은 비정상적으로 컴퓨터나 스마트폰에 빠져드는 심리에는 불안이 깃들어 있다는 사실이다. 이런 말을 아이들에게 하면 '그렇지 않아요', '심심해서 그런 거예요', '꼭 연락할 일이 있어요'라고 반박하겠지만, 컴퓨터나 스마트폰이 침입한 일상이 기이할 정도로 견고하다면 그것은 상당 부분 아이 안에 잠재한 불안 탓이다.

왜 아이들이 컴퓨터나 스마트폰에 빠진 것일까? 주된 이유는 관계 욕구와 불안 때문이다. 외로운 '나'가 되지 않으려는 마음, 타인에게서 자신을 확인하고 싶은 마음, 누군가가 끊임없이 자신을 부르고, 자신을 필요로 해주었으면 하는 마음 때문에 컴퓨터나 스마트폰에서 쉽사리 떨어지지 못한다.

상담해보면 스마트폰이나 컴퓨터에 중독 경향을 보이는 아이들이 실제로는 매우 여리며 오히려 사람들의 진정한 관계를 갈구하는 것을 많이 발견하게 된다.

혼자인 것이 두려워, 지금 당장 만나고 있지는 않지만 인터넷으로 연결된 친구와의 만남이 스크린 화면에서 사라지지 않도록 바삐 손가락을 움직여 강박적으로 스크린을 터치한다. 그러다 문득 그의 반응이 화면에서 사라지면 내 존재도 꺼져버리는 듯한 고독과 불안을 마주한다.

즉 아이들의 IT 중독에는 청소년 발달 단계상의 특수한 요구가 자리 잡고 있으며, 좀 더 심리적인 배후가 숨어 있음을 명심해야 한다. 컴퓨터나 스마트폰에 빠져들기 시작하는 아이들 대부분은 부모의 영향력을 벗어나고 자아를 정립하기 시작하면서 상대방으로부터 인정받고 싶어 하는 욕구가 강한 시기에 있다. 이 시기가 한국인의 관계지향성과 맞물리면 컴퓨터와 스마트폰 중독은 더욱 진화하고 강력해진다.

아이들은 어른에 비해 타인의 평가와 시선 속에서 자기를 바라보는 정도가 심하다. 김춘수 시인의 시 〈꽃〉처럼 '너'가 '나'라는 존재를 뭐라 말해 주어야 나는 내가 무엇인지 알 수 있다는 것에 집착하기도 한다. 아직 우리 아이들의 자아정체성이 확고하게 정립되지 않은 발달 단계에 있기 때문에 우리의 아이들에게는 독립적인 자아보다 상호의존적 자아가 더 중요한 관심사다. 상호의존적 자아란 타인과 상호작용을 유지하면서 그 관계에 의지해 자기 존재를 확인하는 자아를 말한다. 그리고 상호의존적 자아상이 강한 아이들은 사람들이나 인간관계에서 느끼는 불안이 높고, 관계지향적인 일을 하려는 욕구 역시 강하다. 나를 확인하기 위해, 불안을 잊기 위해 우리는 오늘도 스마트폰이나 컴퓨터를 터치하면서 본인을 확인하고 찾아 나간다.

청소년 성장 단계에서의 무의미한 반복적인 소통은 피로나 허무주의를 가져온다. 관계 집착과 자아확인의 수단까지 되어버린 컴퓨터와 스마트폰은 아이들의 절대적인 학습시간을 앗아가고, 엄마와의 갈등을 유발할 뿐만 아니라 건강을 해친다. 컴퓨터와 스마트폰은 눈의 피로, 전자파의 위험, 손목이나 손가락 관절의 혹사, 장시간 같은 자세로 앉아 있는 탓에 생기는 요통과 내부 장기의 활동성 저하 등 이루 헤아릴 수 없는 악영향을 미친다. 한편 컴퓨터나 스마트폰 앞에서 보내는 시간이 늘어날수록 몸을 움직일 기회는 줄어든다.

이처럼 우리 아이들에게 중용이 가장 요구되는 일이 컴퓨터와 스마트폰 사용이라고 할 수 있다. 아이가 너무 오랫동안 컴퓨터나 스마트폰의 굴레에 갇히다 보면 정상적인 몸과 뇌의 성장은 기대하기가 힘들다. 우리 아이들이 불안감과 관계 결핍으로 컴퓨터와 스마트폰에 그토록 집착하지는 않는지 곰곰이 되짚어볼 일이다.

7
Balanced Growth Solution

집중하지 못하는 이유부터 살펴야

"우리 아이는 엉덩이가 너무 가벼워요. 집중해서 공부하는 모습을 본 적이 없어요."

모든 부모들의 마음 한편에는 우리 아이에게 공부는 먼 나라의 일이 아닐까 하는 근원적인 불안감이 자리 잡고 있다. 부모의 불안감은 어쩔 수 없이 강압과 잔소리로 드러나고 대부분의 경우 역효과를 낸다.

지금 우리 아이들에게 필요한 것은 당장의 공부 성과가 아니다. 그럼에도 불구하고 대부분의 우리 아이들에게 공부는 벗이 아니라 감시자나 채찍으로 다가온다. 지금 이 순간에도 우리 아이들은 공부 노예가 되어 공부 잔소리를 듣고 공부 채찍을 맞으며 상처 입고 있을지도 모른다. 이런 과정이 지속되다 보면 아이에게 공부는 재미없고, 짜증나는 일이 되어버린다. 아이들이 단지 공부를 살아가기 위한, 어떤 것을 얻기 위한 꺼림칙한 도구로만 받아들인다면 그 아이에게 지속적이고 자발적인 공부 의욕은 기대할 수 없다.

그리고 그 사회는 올바르고 행복한 사회라고 할 수 없다. 우리 아이에게 공부의 가치와 의미, 공부가 가져다주는 정당한 즐거움을 되찾아주어야만 한다. 그러려면 아이가 과연 어떤 마음으로 공부에 임하는지 이해하고, 좀 더 행복하고 능동적인 공부를 할 수 있도록 있는 힘껏 도와야 한다.

부모나 교사가 지금 해야 할 일은 아이에게 공부를 강요하는 것이 아니라, 아이가 즐겁게 공부하도록 마음을 살피는 일이다. 나는 이런 프레임 변화를 위해 공부몰입이라는 개념을 강조한다. 우리 아이들이 공부에 진정으로 몰입하려면 공부가 그 자체로 행복하고 유쾌한 경험이 되어야 한다.

공부에 즐거움을 느끼려면 먼저 선행되어야 할 것이 있다. 무엇보다도 처음에 흥미를 붙이는 준비기가 필요하다. 준비기에는 당장 몇 시간 공부를 하는가에 집중하기보다는 아이 스스로 공부에 흥미를 붙이도록 기다려주는 인내력이 필요하다. 아이들의 특성상 공부에 대한 몰입보다는 일시적이고 편안한 중독에 더 끌리게 마련이다. 그럴 땐 아이에 대한 기대 수준을 일시적으로 낮추고 포용력을 넓혀야 한다.

아이가 스스로 공부에 흥미를 붙이고 공부하는 자세를 익혀나가는 준비기를 슬기롭게 인내하고 아이의 자발적 주도성을 너그럽게 기다리려면 우리 아이에게는 올바른 방향으로 나아갈 수 있는 회복탄력성과 조절능력이 내재해 있다고 믿어야 한다.

1996년, 신경심리학자인 자코모 리촐라티 교수는 원숭이 실험으로 '거울 뉴런(Mirror Neuron)'의 존재를 확인했다. 거울 뉴런은 다른 동물의 행동을 '거울처럼 반영'하는 신경세포로, 관찰자가 마치 자신이 실제 그 일을 수행하는 것처럼 느끼게 한다. 우리는 거울 뉴런 때문에 타인의 행동을 관찰할 때 마치 자기가 그 일을 하는 모습을 거울로 비쳐보는 듯한 느낌을 가질 수 있다. 거울 뉴런은 지금까지 연구에서는 전두엽 전운동피질 아래쪽, 두정엽 아래쪽, 그리고 측두엽 뇌섬엽 앞쪽 등 세 곳에 위치하는 것으로 알려져 있다.

거울 뉴런이 유독 인간에게 가장 발달한 이유는 진화 과정과 군집사회가 형성되어 왔기 때문이라고 추측한다. 인간이 사회를 형성함에 따라 개인과 무리 간에 더 많은 충돌이 생겼을 테고, 이를 해결하기 위해 무엇보다 서로의 마음을 이해하는 능력이 요구되었으리라고 가정한다.

인간의 공감능력은 이 거울 뉴런에 의지하는 바가 큰데, 우리 아이들 역시 올바른 것에 대한 공감능력과 통제능력이 이미 충분히 내재되어 있다. 취학 전 아이들에게 더 큰 보상을 위해 눈앞의 음식을 참도록 하는 실험을 보면 다른 동물과는 차이 나는 선천적 통제능력이 발견된다. 살이 잘 찌는 체질일지라도 비만에 빠지지 않고 날씬한 몸매를 유지할 수 있는 이유 역시 인간이 가진 소중한 통제능력 덕분이다.

사실상 살이 잘 찌는 체질이란 없다. 그보다는 자신의 생활환경이나 생활습관이 살이 잘 찌도록 짜여 있을 따름이다. 그리고 결국은 개인의 선택 문제다. 최근 쥐 실험에서 아스파라긴 수산화효소(FIH) 분비량이 살찌는 체질과 그렇지 않은 체질을 가르는 중요 잣대로 입증되었다. 이렇게 유전적 요소가 전혀 개입하지 않는다고 할 수는 없지만, 현대인이 겪는 비만의 보편적인 양상은 환경 결정적이면서 동시에 개인의 선택에 따른다.

이 중 환경적 요인은 다양하게 나타날 수 있다.

살이 찌는 환경적 요인 알아보기

- 앉아서 일하는 사람은 서서 일하는 사람보다 적은 칼로리를 소모한다. 육체적 활동은 당연히 칼로리 소모와 직결된다.
- 주변에 욕망을 자극하는 요소가 많은 일을 하거나 그런 환경에 놓인 사람들은 욕망을 쉽게 대체하고 승화시키는 식탐이 커진다.
- 추운 지방에 사는 사람이 칼로리 소모가 많다. 이러한 이유로 옷을 많이 껴입는 사람은 칼로리 소모가 적고 활동량도 적어지기 마련이다.
- 고층 아파트에 살고 있는 아이들은 불편함 때문에 야외활동을 꺼린다.
- 성격적으로 완벽주의자인 경우 대개 칼로리 소모가 높다.
- 스트레스를 잘 해소하지 못하는 사람들은 술과 음식에 빠지기 쉽다.
- 낮 동안 꼼짝없이 일에 매달려 있는 현대인들 대부분은 여가와 여유를 누릴 수 있는 저녁시간에 많은 음식을 섭취하기 마련이다.

어쩌면 우리는 이런 환경과 성향의 총합을 체질이라고 뭉뚱그려 표현하고 있는지도 모른다. 그러나 역시 음식을 집어 입에 삼키는 주체는 개인 당사자라는 사실에는 변함이 없다. 우리는 이를 '자기절제력' 혹은 '자기통제감'이라고 일컫는다. 자기통제감은 인간이라면 누구나 당연히 있는 미래에 대한 소망과 우려에서 생겨나는 의지력이다. 미래를 제대로 인지하는 사람들은 통제감이 높다. 자아존중감은 이 절제력에 비례한다.

발달심리학에서는 자기통제감이나 유능감이 발달하는 3세 무렵 제대로 된 양육과 사랑을 받지 못한 아이들은 훗날 절제에 관한 많은 문제를 일으킬 수 있다고 말한다. 일상을 영위하는 데 지장이 없는 일반인에게는 비록 숨어 있을지라도 중독이나 탈선에 대한 강한 통제력이 있다. 다만 이를 계발하고 일상적으로 활용하는 훈련을 하지 않았기 때문에 통제가 어려웠을 따름이다.

　따라서 엉덩이가 가벼운 아이를 꾸짖고 혼내기보다는 아이의 내면에 잠재되어 있는 자기통제감을 효율적으로 끄집어낼 필요가 있다.

8
Balanced Growth Solution

ADHD는 충분히 예방할 수 있다

 9세 연수는 소아비만으로 찾아왔었다. 지난 3주간 체중을 잘 감량하고 있었는데 그 다음부터 기대에 못 미쳤는지 엄마의 표정이 좋지 않았다. 그런데 연수는 별로 걱정하지 않는 표정이었다. 오히려 이런저런 질문을 하면서 오히려 대화를 주도하는 점이 맘에 들었다.

연수가 처음 병원에 왔을 때 연수는 지나치게 내성적이라서 내 눈도 마주치지 못했다. 물론 처음 내원하는 아이들에게서 이런 태도는 적지 않다. 게다가 장소가 병원이기 때문에 더욱 그렇다.

그러나 병원 방문이 한두 번 늘어나면서 연수는 딴 사람이 되었다. 초기의 경계심은 사라지고 질문과 웃음이 많다. 아이의 에너지가 표출되는 과정이었다. 그날 진료를 마치고 일어서는데, 어머니가 진지하게 물어보

셨다. 연수는 그날도 진료 내내 이런저런 질문에 바빴고 약간 들떠 보이는 듯했다.

"선생님, 혹시 연수가 이렇게 부산한 게……."

말꼬리를 흐리는 어머니의 표정에서 스쳐가는 단어가 보였다.

"혹시 ADHD가 아닌지 걱정되시나요?"

"네, 솔직히 약간요."

"어머니, 연수는 ADHD이기보다는 활발한 편이죠."

"그래도 아이 행동이 약간 산만한 것 같아서요."

"어머니, 에너지를 누르는 것보다는 이렇게 에너지를 표출하는 것이 비만 교정에 훨씬 좋습니다. 지극히 정상입니다."

우리나라 엄마들이 감기나 수족구 못지않게 자주 검색하는 질환이 주의력결핍 과잉행동장애 증후군(ADHD)이다. 유명 포털 사이트의 의학 검색어 순위를 살펴보면 거의 예외 없이 ADHD가 상단을 차지하고 있는 경우가 많다. 특히 지인들로부터 우리 아이가 혹시 ADHD 증상이 아니냐는 우려 섞인 문의를 종종 받는다. 요청이 많아 병원에 ADHD 진단 설문지를 비치해놓기도 했다. 실제로도 소아비만 아동들 중에도 ADHD를 갖고 있는 경우가 있다.

한 연구 결과에 따르면 소아비만 아동에게서 ADHD의 발생률이 2배 정도 높아진다고 한다.

ADHD는 아이의 학업성적에 분명 영향을 미친다. 우리나라처럼 학업능력을 중요하게 여기는 사회 분위기에서 ADHD를 가진 아이들은 이래저래 손해를 볼 수밖에 없다. 그런데 정작 내가 걱정하는 부분은 ADHD

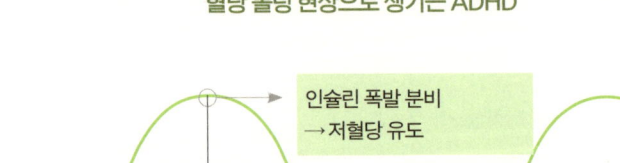

주의력이 떨어지는 아이들의 상당수는 탄수화물 과잉 섭취에 의한 혈당 변화가 큰 경우가 많다.

진단을 놓치는 아이가 있으면 어떡하지가 아니다. 오히려 우리나라에서 ADHD가 지나치게 부풀려지고 있으며, 필요 이상으로 걱정거리가 되고 있다.

상담 받는 아이들을 보면 또래에 비해 약간 활발한 정도가 대부분이었다. 결론적으로 ADHD는 부모의 걱정에서 비롯된 만들어진 병일 가능성이 높았다. 조금이라도 성적이 떨어지면 주의력 결핍이 아닐까, 선생님으로부터 수업시간에 산만하다는 말을 들으면 과다행동이 아닐까 걱정을 한다. 특히 아이의 학업 성적이 떨어지는 징후, 공부 집중력을 해치는 작은 행동 하나하나가 엄마에게는 민감하게 다가온다.

질병으로 진단된 ADHD 자체는 아이의 삶의 질과 학업적 능력을 떨어뜨림과 동시에 가정에도 적지 않은 부담을 주기 때문에 조기에 진단되어 적절한 치료가 이루어져야 한다.

그렇다면 걱정해야 할 ADHD와 두고 봐야 할 ADHD는 어떻게 나눌 수 있을까?

의학에서 진단 겸 치료라는 말이 있다. 진단이 애매모호하거나 지금 당장 진단을 내려야 할 만큼 시급한 사안이 아니라면 치료하면서 진단을 확신하는 방법이다. 이 경우를 심각하지 않은 ADHD에도 적용할 수 있다. 그리고 이런 방법으로 많은 ADHD 경향이 완화될 수 있다.

내가 본 대다수의 ADHD는 조바심으로 진단된다. 즉 명확한 진단 분류에 해당되지 않음에도 불구하고 과도한 불안과 걱정이 ADHD로 몰아간다. 이렇게 진단된 이후에는 부모의 과잉반응으로 더 악화되는 경우가 많다.

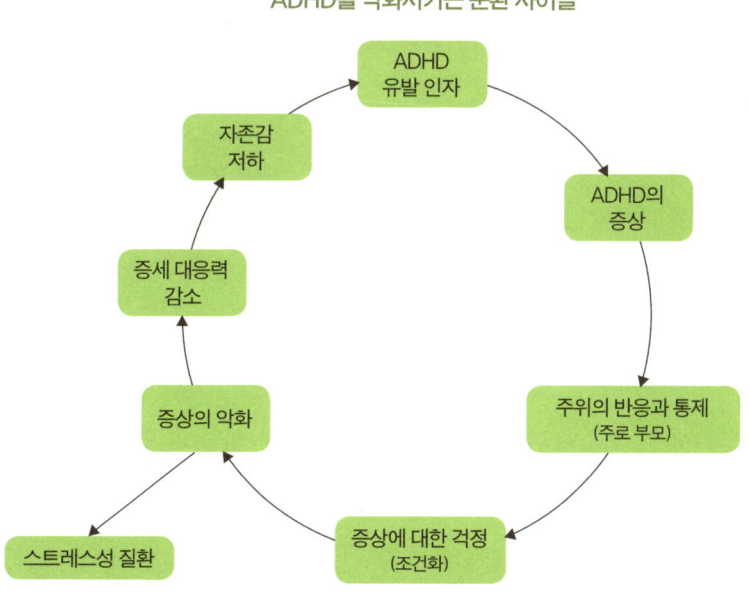

PART 03 몸만 크는 아이 | 103

틱 장애, 즉 얼굴 근육이나 신체의 일부가 자신의 의지와 관계없이 갑자기 움직이거나 이상한 소리를 내는 아동이 어머니가 지적할 때마다 그 증상이 심해지는 것과 유사한 반응이다. 즉, 아이가 특정 상황에서 ADHD적인 경향을 보이면 대부분의 엄마들은 통제하고 걱정하는 반응을 보인다. 이런 걱정 반응은 아이의 마음에 불안감을 증폭시켜 오히려 ADHD 증상을 심화시키는 결과를 가져온다.

물론 심각한 ADHD는 약물의 도움이 필요하다. 그러나 시간이 지나면서 자연스럽게 교정될 ADHD 경향도 ADHD 악화 사이클에서 드러나는 것처럼 엄마의 걱정스런 반응시스템을 거치고 나면 예외 없이 악화된다. 따라서 ADHD 경향을 가진 아동의 엄마들은 다음과 같은 상황을 주의해야 한다.

첫째, 아이에게 부정적인 꼬리표를 붙이지 말아야 한다.

"너는 주의가 산만하니 고쳐야 한다"거나 "병원에서 지나치게 주의가 산만하다고 그래" 등의 부정적인 말을 들은 아이는 자존감 저하를 겪어 조그만 자극에도 쉽게 스트레스를 받는다. 더 큰 문제점은 자기 스스로를 ADHD라고 생각하는 것이다. 주의가 산만한 것은 자신의 병 때문에 그렇다며 자신의 행동을 합리화한다. 꼬리표 붙이기가 결국 습관적인 주의산만 행동을 인정하는 발급증이 되어버린 셈이다. 아이는 부모가 부르는 대로 만들어진다는 사실을 잊지 말자.

둘째, 아이의 증상에 대한 지나친 관심을 통제하도록 한다.

지나친 관심과 치료 노력이야말로 오히려 아이의 불안감을 악화시키고 증세를 증폭시킨다. 가끔은 아이의 자발적인 치유력을 믿고 기다리는 것이 최선이다. 부모가 아이를 믿지 않으면 누구도 아이를 믿지 않게 된다.

셋째, 병원 정보나 치료 정보에 목매지 않도록 한다.

불안하고 초조한 엄마의 태도가 아이에게 바로 전달된다. 즉 엄마의 염려증이 아이에게 전달된다. 건강염려증이 민감성을 강화시켜 고혈압 같은 스트레스성 질환을 악화시키는 요인이 된다. 엄마가 아무리 숨기려고 해도 엄마의 민감성은 아이에게 전달된다. 민감하면 조그마한 자극에도 불안해진다. 불안증은 주의를 분산시키고 행동을 부산하게 한다.

앞에서 살펴 본 것처럼 ADHD가 나타날 수 있는 사회적 환경 속에서 아이를 난초로 만드는 것은 아이가 아니라 부모의 조바심이라는 것을 명심하자. 더불어 부모는 아이의 타고난 주의력을 골고루 발전시키도록 해야 한다.

인간에게는 두 가지 주의력이 있는데 하나는 타고난 주의력인 '반응성 주의력'이고, 다른 하나는 후천적 노력으로 발전시키는 '초점성 주의력'이다. 주의력의 균형과 발전을 도모하려면 반응성 주의력과 초점성 주의력이 올바르게 상호 성장해야 한다. 한쪽만 과도하게 발전해서는 오히려 올바른 주의력을 해칠 수 있다. 아이들을 보면, 컴퓨터 게임이나 스마트폰 게임을 할 때 고도의 집중력을 발휘하지만 그런 아이들이 오히려 ADHD의 빈도가 높으며 학업 집중력은 떨어지는 경우가 더 많다. 이는 초점성 주의력은 성장시키지 않고 반응성 주의력만 키웠기 때문이다. 초점성 주의력을 높이는 가장 좋은 방법은 꾸준한 독서활동이다. 어릴 때부터 아이가 좋아하는 책으로 아이가 집중할 수 있는 시간을 조금씩 늘려가는 것이 바람직하다.

더불어 이 두 가지를 균형 잡히게 키울 수 있는 활동이 부모와의 교감인데 엄마와 차분히 눈을 마주치고 대화하는 아이, 아빠와 공을 주고받으며 온몸으로 스킨십을 나누는 아이는 당연히 주의력이 높을 수밖에 없다.

9

Balanced Growth Solution

아이의 화병,
학업 스트레스

수능시험이 끝나면 언제나 들려오는 슬픈 뉴스가 자신의 시험성적을 비관한 청소년들의 자살 소식이다. 인생에 중요한 시험을 끝내고 난 후 무한한 해방감을 느껴야 할 그 순간 지독한 우울감과 허탈감에 사로잡힌 아이들이 적지 않다. 그런데 더 심각한 문제는 이것이 빙산의 일각이라는 사실이다. 자살이라는 극단적인 선택을 하지는 않았지만 학업 스트레스로 인해 힘겹게 지내고 있는 나머지 다수의 아이들 역시 잠재적인 희생자가 될 가능성이 높다. 우리 병원에도 학업 스트레스 때문에 찾아오는 친구들이 많다. 다음 세 명의 사례로 학업 스트레스가 어떤 결과를 초래하는지 알아보자.

혜선이는 작년까지 학교에서 우수한 성적을 내며 탄탄대로를 달리던 아이였다. 부모님도 아이의 학업을 뒷받침하려고 최선을 다했다. 그러나가 어느 순간 문제가 발생했다.

엄마의 표현에 따르면, 작년은 아이가 무섭게 달리던 때였다고 한다. 하지만 그 질주는 사실 위태로웠다. 어느 순간 급정거하고 더 이상 달리지 못하는 기관차처럼 아이는 멈춰서고 말았다. 아이는 아무것도 할 수 없는 상태로 깊은 무기력증에 빠져버렸다.

혜선이는 자신이 막무가내로 달리고 있을 때 더 달리라고 채찍질만 하고 잠시 멈춰서 쉴 수 있도록 배려하지 않은 주변 사람들을 원망하고 심지어 증오하기에 이르렀다. 때때로 가슴이 딱딱하게 굳는 것 같으며, 열이 나고 숨쉬기 힘들 정도로 답답하다고 토로한다.

고등학교 2학년 남학생 명일이는 심각한 만성피로에 시달리고 있었다. 피곤해하는 명일이는 일상생활이 힘든 지경이었다. 하지만 이는 특별히 몸에 문제가 생겨 일어난 병이 아니라, 공부의 중압감이 만들어낸 스트레스성 만성 피로증후군이었다.

명문 대학을 나온 명일이의 부모님은 명일이가 상위권 대학을 진학하기를 바라며 공부를 많이 하도록 주문했다. 명일이는 어릴 적부터 부모님의 요구와 감독, 계획 때문에 힘겨운 시간을 보냈다. 지금 명일이의 성적은 그런 부모님의 바람에는 턱없이 못 미치는 수준이다. 부모님의 욕심과 자신의 현실

사이에서 명일이의 마음은 우왕좌왕하고 있었다. 갈피를 잡지 못하는 마음과 심한 스트레스는 명일이의 삶의 에너지를 갉아먹었다. 명일이는 때때로 명치끝이 타오르는 듯한 통증을 느끼곤 한다.

미지는 이제 겨우 9살 난 초등학생이었다. 소아비만을 치료하려고 우리 병원을 찾은 미지는 음식 앞에서 매번 자제력을 잃고 폭식했다. 엄마는 소아비만으로 인한 성조숙증이 걱정된다며 병원을 찾아왔지만 정작 더 심각한 문제는 미지의 상처받은 마음이었다.
초등학생인 미지의 스케줄은 살인적인 수준이었다. 매일 여러 개의 학원 수업과 특별활동을 치러야만 했던 아이는 유일하게 음식으로 위안을 받고 스트레스를 해소했다.
미지는 상담할 때마다 '너무 화가 나요', '너무 짜증나요'라는 표현을 자주 사용했다. 아이의 표현 그대로 아이의 마음속에는 구체적이거나 특별한 대상을 찾을 길 없는 화와 짜증이 켜켜이 쌓여 있었다.

세 명의 아이에게서 나타나는 질병이나 증상은 달라도 그들에게서 발견되는 공통적인 요소는 높은 학업 스트레스로 인한 화병이었다.
나는 혜선이, 명일이, 미지의 부모님에게 같은 처방을 내렸다. 아이는 지금 문이 없는 뜨거운 온돌방에서 답답해 미칠 것 같은 지경에 이르렀다고 알려주고 그런 상태에 빠진 아이의 문제는 소아성장, 성조숙증, 무기력증, 만성 피로증후군, 소아비만이 아니라 출구를 찾지 못하는 갑갑한 상태에 있다는 것을 주지시켰다. 아이를 질식할 것 같은 뜨거운 방에서 꺼내 시원하고 상쾌한 들판으로 끌고 나오는 것이 시급하다고 말했다.

 자녀의 강점을 잘 이해하고 그 감정을 잘 살릴 수 있는 바른 길을 세시하는 것은 부모로서 꼭 해야 할 일이다. 하지만 아이의 능력과 재능에 대한 아무런 고려나 이해 없이 부모의 일방적인 욕심대로만 아이를 키우는 것은 결코 바람직하지 않다. 아이가 감당하기 버거운 일이라면 그것은 잔인한 일이기도 하다.

 바로 지금 우리 아이의 영혼과 신체가 심각하게 무너진 것은 아닌지 꼼꼼하게 들여다봐야 한다.

TIP+ 학업 스트레스를 낮추는 부모의 태도 10가지

1. 아이의 성적에 일희일비하지 말자. 부모야말로 아이의 그늘이 되어줄 큰 나무다.
2. 시험이 끝나고 나면 무조건 "수고했다"고 말하라.
3. 이번 시험 결과 성적이 떨어진 부분보다 향상된 부분에 집중하라.
4. 아이의 말문을 막는 '내가 어릴 적에'라는 말은 하지 마라.
5. 아이가 원하면 성적 향상에 물질적으로 보상하라.
6. 부모가 책을 읽는 모범을 보여라.
7. 인터넷 중독은 백해무익하다. 어릴 때부터 조기에 차단하라.
8. 다른 집 아이들과 비교하지 마라.
9. 시간이 날 때 함께 운동하라. 운동은 학업 스트레스를 낮추고 학업 집중력을 높여준다.
10. 공부의 의미에 대해 진지하게 대화하자. 공부 잘하는 너를 좋아하는 것이 아니라 너를 좋아하기 때문에 공부했으면 좋겠다는 것을 분명히 전달하라.

PART **4**

Balanced Growth Solution

내 아이를 위한 성장 공부

1
Balanced Growth Solution

아이의 혈당 평형을 체크하라

"선생님, 우리 아이는 고기도 별로 안 먹이는데 왜 이리 살이 안 빠지는지 모르겠어요."

소아비만을 진료하다 보면 가장 많이 받는 질문 중 하나이다. 지방을 많이 먹지 않는데 살이 찐다는 것이다. 그런데 지방만이 비만을 만드는 것은 아니다. 우리나라에서는 적어도 그렇다. 나는 이런 질문을 받으면 이렇게 답변한다.

"소고기가 왜 맛있나요? 지방이 많아서죠. 그런데 소도 전혀 고기를 먹지 않는답니다. 풀만 먹을 뿐이죠."

성인들의 질병인 줄만 알았던 고혈압, 당뇨병, 고지혈증, 지방간이 어린이들에게서도 나타날 뿐만 아니라 그 수도 증가하고 있다. 그리고 그 배후에는 탄수화물 중독이 원인인 경우가 많다.

성인병의 발생 메커니즘을 규명할 때 우리는 성인병의 원인을 인슐린 저항성으로 통칭한다. 인슐린은 우리 몸의 에너지원으로 사용되는 포도당을 받아들이도록 신호를 보내는 호르몬이다. 그런데 이 인슐린 수용체의 능력이 떨어져 그 신호를 세포들이 잘 받아들이지 못하면 우리 몸은 혈당은 높지만 정작 쓸 에너지가 부족한 인슐린 저항성이라는 신체 증상을 겪는다. 인슐린 저항성은 혈당을 낮추는 인슐린의 기능이 떨어져 세포가 포도당을 효과적으로 연소하지 못하는 것을 의미한다. 인슐린 저항성이 높을 경우, 뇌는 세포의 혈당 부족 사태를 인지해 췌장에서는 많은 인슐린을 만들지만 세포들은 혈관에 든 포도당을 잘 흡수하지 못해 에너지난에 빠지는 불협화음을 만들어 버린다. 이런 상태가 지속되면 췌장은 과부하로 인해 점점 능력을 상실하고, 결국 인슐린을 분비할 수 없는 지경에 이른다.

인슐린 저항성이 강한 아이일수록 많이 먹지만 기운은 달리는 상황에 처한다. 이렇게 혈당 공급이 원활하지 않으면 뇌를 자극해 난폭하고 신경질적인 성격을 부추긴다. 특히 단맛 음식을 즐기는 아이들이 점점 더 난폭해지고 신경질적으로 변하는데, 그 원인으로 고혈당이 반복되는 '혈당 롤링 현상'을 들 수 있다.

중학교 2학년에 올라가는 동철이 엄마가 병원을 찾아왔다. 성적이 좋고 순종적이던 동철이가 갑자기 학업 집중력이 떨어지고 예민한 성격으로 변했다고 했다. 발단은 6개월 전으로 거슬러 올라가 동철이가 2학년에 올라가면서 수학 성적을 좀 더 올리고자 선행학습을 하는 학원을 한 개 더 신청한 것이 문제였다.

안 그래도 학원이 너무 많다며 간간히 하소연하던 동철이었지만 엄마의 단호한 설득 앞에 도리가 없었다. 동철이가 셔틀버스를 타고 집에 들어오는 시간은 밤 11시가 넘어서였다. 집에 들어오면 아이는 허겁지겁 늦은 밤참을 게 눈 감추듯 해치우기가 일상이 되었다. 게다가 아이의 마음도 달랠 겸 간식비를 넉넉히 쥐어 주었다. 이후부터 아이는 일주일에 300g에서 500g씩 체중이 꾸준히 늘기 시작했다. 아이의 피로감은 더해졌고 그런 아이를 위해 엄마가 해줄 수 있는 것은 몸에 좋다는 맛있는 음식을 더 해주는 것이었다.

그러던 아이가 몇 주 전부터 눈에 띄게 학습의욕이 떨어지는 징후가 나타나기 시작했다. 수업시간에 졸기 일쑤고, 수업 태도도 눈에 띄게 불량해졌다는 선생님의 걱정스러운 우려가 엄마에게 전해졌고 엄마는 아이에게 주의하라는 피드백을 주었다. 그런데 아이의 반응이 이전과 달랐다. 늘 고분고분 엄마의 말을 받아들이던 아이가 불같이 화를 내거나 엉엉 울었다. 아이도 자기가 왜 그런 줄 모르겠다고 했다. 불안하고 우울하고 기운이 확 빠진다고 했다.

병원에 방문했을 때 동철이는 6개월 전보다 무려 체중이 10kg이 증가해 있었다. 정상적인 체중의 아이들이 2kg 증가해야 할 시기에 5배 이상 체중이 불어난 셈이다. 아이의 혈액검사에서는 인슐린이 정상치의 세 배 정도로 증가되어 있고 당화혈색소는 당뇨 단계를 가리키고 있었다.

단맛 중독으로 인한 혈당 롤링 현상이 무서운 것은 중독이 우리 몸에 매우 강력한 자각반응을 만들어낸다는 점이다. 즉 단맛 중독으로 당지수가 높은 음식을 섭취한 후 저혈당으로 인한 몸과 마음의 금단 반응, 즉 가슴의 압박감, 답답함, 숨 막힘, 치밀어 오름이나 목 뒷덜미의 뻣뻣함과 열감, 가슴 두근거림, 머리가 무거움, 어지러움, 입이 마름, 소화장애, 진땀 등의 신체 반응이나 우울, 허망함, 의욕, 흥미 상실, 후회, 불안, 초조 등의 심리 증상이 발생하면 자기도 모르게 강한 불안감에 휩싸인다.

저혈당으로 인한 증상은 자기도 모르게 몸에 고혈당 음식을 섭취하도록 강요하고, 이 음식을 먹었을 때 심신의 금단 반응이 사라지면 우리 몸은 서서히 고혈당 음식, 단맛 음식에 길들여진다. 즉 파블로프의 조건반사에서 음식과 함께 울린 종소리에 자신의 몸이 반응해 침을 흘리는 개처럼 우리 몸도 고혈당 음식을 먹고 난 후의 저혈당 반응임에도 불구하고 고혈당 음식에 의존하는 단맛 음식 조건화 반응이 일어난다.

식사 후에 반복적으로 나타나는 음식 중독에 의한 금단 증상은 여러 가지 이유로 설명될 수 있지만, 지나친 고혈당지수 음식 섭취에서도 이유를 찾을 수 있다. 혈당지수란 음식물에 함유되어 있는 탄수화물이 혈당치를 높이는 속도를 수치로 나타낸 것으로, 포도당 100g을 먹었을 때의 혈당치의 상승도를 100이라고 할 때 각 음식 100g이 일으키는 혈당치의 상승을 숫자로 비교한 것이다. 혈당지수가 높은 음식은 혈당 롤링 현상도 심하게 일으킨다. 따라서 똑같은 포만감을 주는 음식을 먹더라도 당지수가 낮은 음식을 섭취하도록 유의해야 한다. 이러다 보니 성장하는 것이 최우선인 아동들에게 인슐린 저항성으로 인한 소아성인병이 나타나며, 질병으로 인한 고통은 물론 성장에도 영향을 받는다.

혈액순환의 장애와 만성 소모성 질환은 마치 암세포처럼 아이의 키 성장은 물론 뇌 발달, 근육 형성, 뼈 강화 등 모든 성장을 현저하게 방해한다.

더불어 평균수명의 연장으로 인해 소아비만 아동의 인슐린 저항성은 평생 짊어지고 가야 할 질병으로 어릴 때부터 본인의 선택과는 무관하다는 점에서 매우 나쁘고 치명적인 유산이다.

불행 중 다행인 것은 인슐린 저항성의 바로미터 중 하나인 인슐린 혈중 농도 변화를 보면 소아 청소년들의 인슐린 저항성은 매우 탄력적이고 가역적이라는 점이다. 소아비만 개선 프로그램에서 주치의를 했을 때, 한 아동의 경우 혈중 인슐린 수치가 200이 넘었는데, 체중감량 후 정상 수치인 5 이하까지 떨어지는 것을 볼 수 있었다. 정도의 차이는 있었지만 모든 아이들이 눈에 띄게 개선되었다. 즉, 소아 청소년의 인슐린 저항성은 부모와 아이의 노력에 따라 금방 회복될 수 있다.

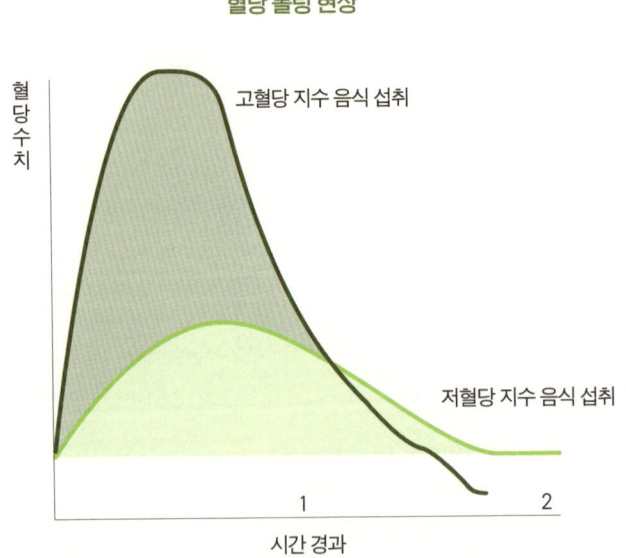

고혈당 지수 음식을 먹으면 과도한 인슐린 분비로 시간이 지났을 때 저혈당 지수 음식을 먹은 상태보다 저혈당 상태에 빠진다. 이것이 '혈당 롤링 현상'이다.

2
Balanced Growth Solution
호르몬 피드백이 핵심이다

 우리 아이들에게는 세로토닌이 부족하다. 세로토닌은 우리 아이들의 행복감과 학습능력을 좌우하는 매우 중요한 호르몬이다. 그러나 정작 우리 아이들은 소아 청소년 시기 내내 학업 스트레스와 관계 스트레스 등 아이가 감당해야 할 부담이 늘어나면서 세로토닌이 줄어들어 우울감에 빠지게 된다.

아동기 우울증은 등교 거부나 공격적인 행동과 비행으로, 청년기 우울증은 무기력과 무감각, 약물남용 등의 외적 발현으로 나타난다. 이런 우울증이 음식에 대한 탐닉과 이를 통한 스트레스 해소로 나타난다.

일반적으로 우울증에 깊이 관여하는 호르몬이 세로토닌이다. 우울증 치료제 역시 이 세로토닌의 재흡수에 관여하는 약물들이다. 모든 우울증 환자는 세로토닌 증강제에 긍정적으로 반응하는데, 이것은 세로토닌의 저하가 우울증을 일으키는 주원인이라고 판단할 수 있는 근거이다.

경우에 따라서는 우울증 약을 먹어야겠지만, 생활에서 세로토닌 증진법을 실천하는 것이 여러 면에서 효과적이고 치료 속도도 빠르다. 한 연구에서는 우울증 약인 프로작보다 규칙적인 운동요법이 더 효과적이라고 밝힌 바 있다.

> **TIP+ 세로토닌을 높이는 몸맘뇌 성장법**
>
> ① **세로토닌을 높이는 양질의 단백질을 규칙적으로 섭취한다.**
>
> 단백질은 근육, 피부, 뼈, 머리카락 등의 신체조직을 구성할 뿐 아니라 효소, 호르몬, 항체를 생산해 체내 물질 균형을 이루는 성분이다. 단백질이 부족하면 성장 부진이나 면역력 저하와 같은 각종 건강 문제에 시달릴 수 있다. 특히 세로토닌, 멜라토닌, 엔도르핀과 같은 각종 호르몬의 주원료가 단백질이다. 따라서 단백질이 부족하면 다양한 호르몬 이상을 겪을 수 있다. 실제 과학적으로 단백질 부족은 우울증을 유발한다. 또 필수아미노산은 체내에서 합성되지 않아 음식에서 얻을 수밖에 없으므로, 과식하지 않는 선에서 쇠고기, 돼지고기, 닭고기, 생선, 우유, 달걀 등의 동물성 단백질을 잘 공급해야 한다. 건강을 위해 일주일에 2, 3회 정도 기름기를 뺀 육식을 권장한다.
>
> ② **걷기를 규칙적으로 하고 30분 일찍 잔다.**
>
> 걷기는 최고의 운동요법이다. 활기차게 걸으면 발과 온몸의 신경들이 골고루 자극되어 뇌에서 엔도르핀이나 세로토닌 같은 신경 안정 호르몬들이 분비된다. 엔도르핀은 행복감을, 세로토닌은 안정감을 준다. 또 걷기는 주로

외부에서 날씨가 좋을 때 실천하기 때문에 햇볕을 쬘 수 있어 멜라토닌 분비 기능도 향상된다. 멜라토닌은 대표적인 항우울제다.

만약 걷는 곳이 숲이나 나무가 많은 녹지라면 금상첨화다. 자연의 초록빛은 우리 뇌파를 안정되게 하는 색깔이다. 또 숲의 불규칙한 모양의 사물들 역시 정서적 안정감을 제공하는 것으로 알려져 있다.

세로토닌 강화법인 숙면을 높이는 방법은 다음과 같다.
- 조금 더 일찍 잠에 들고 조금 늦게 잠에서 깨기
- 일주일간 수면 시간을 체크하고 평균을 낸 시간에 30분만 더 수면 보충하기
- 코 호흡, 수면 양말, 따끈한 우유 한 잔, 족욕이나 각탕, 반신욕 등을 활용하기

③ 호르몬 피드백 학습을 매일 한다.

세로토닌 저하증은 자존감 저하나 스트레스와 밀접한 관련이 있다. 심한 스트레스는 우울증으로 직결된다. 자존감이 떨어지거나 자기비하가 심한 사람들이 우울증이 심한 이유도 이런 자기공격 심리가 몸속 세로토닌이나 도파민 호르몬을 고갈시키기 때문이다.

세로토닌은 결코 스스로 알아서 분비되는 물질이 아니다. 다양한 심리적 자극과 긍정적 마음가짐으로 일깨우는 호르몬이다. 스트레스를 낮추고 세로토닌 분비에 도움이 되는 학습, 독서, 명상, 취미생활 몰입 등에 우리 아이의 시간과 여유를 할애해야 한다.

부정적인 감정이나 스트레스를 상쇄하는 일도 중요하지만, 마음속을 긍정

적인 생각으로 채워 부정적인 심리들이 들어설 자리를 없애는 것이 더 효과적이다.

사소한 일에도 감사하기, 남 배려하기, 자주 웃기, 충분한 스킨십, 서로 칭찬하기와 같은 긍정적인 생활을 습관화해보자.

④ 아이의 단점보다 장점을 본다.

우선 아이의 부모님이 지금까지 갖고 있던 삶의 기준과 수치들을 조금 낮추어야 한다. 이는 실패나 좌절이 아니다. 삶은 성공이나 성취보다 관계, 사랑, 이해로 더 많이 충만하게 채워질 수 있다. 성공보다는 삶의 질이나 남은 삶을 채울 수 있는 여유와 성찰에 더 주목해야 한다.

따라서 인생관이나 가치관도 수정이 불가피하다. '무엇을 이루자', '달성하자'였던 가치관을 '주변과 함께 공존하자', '내 안의 내면을 살피자'와 같은 새로운 가치관과 마인드로 리모델링해야만 한다. 이와 같은 새로운 기준으로 내 아이를 바라보자. 아이의 숨어 있던 장점들이 보이기 시작할 것이다.

엄마와 아빠들은 지금까지 아이의 단점과 옆집 아이의 장점을 비교하는 데만 익숙하다. 그래서 생긴 말이 '엄친아'다. 자, 이제 조바심을 벗고 우리 아이의 장점과 옆집 아이의 단점도 비교해보자. 구태여 옆집 아이의 단점을 들추기 싫다면 우리 아이의 장점 10가지만 찾아보자. 우리 아이가 얼마나 대단한지 쾌재를 부를 것이다. 이것은 잘 키운 엄마, 아빠에 대한 상이기도 하다.

3
Balanced Growth Solution

긍정적 내 몸 관성이란?

얼마 전 6세 여자아이 지현이의 어머니는 진료실에서 굵은 눈물을 흘렸다. 피 검사 결과에서 당뇨의 전 단계인 고인슐린혈증과 고지혈증이 나왔기 때문이다.

천진난만한 6세 지현이의 모습은 너무나도 앳되고 귀여웠지만, 아이의 몸속에는 어른들에게도 좋지 않은 질병의 씨앗이 두 개나 자라고 있었다. 아이의 생활습관을 분석한 결과 인스턴트 음식에 대한 탐닉과 극도로 몸을 쓰기 싫어하는 정체된 활동습관이 발견되었다.

아이는 짧은 거리도 차를 타는 것을 당연히 여기고 계단과 에스컬레이터가 있으면 어김없이 에스컬레이터를 선택했다. 비만을 걱정하는 엄마의 성화에 못 이겨 줄넘기를 할라치면 몇 분도 채우지 못하고 숨을 헐떡거리며 고통을 호소하기 십상이었다. 지현이는 부정적인 내 몸 관성법칙의 전형적인 유형이었다.

'내 몸 관성의 법칙'이란 움직이는 몸은 지속적으로 건강하고 적절한 체중을 유지하려고 지속적으로 움직이려 노력한다는 것이다. 하지만 움직이지 않는 몸은 제자리에 머물러 있는 것을 편안하게 여기며 먹는 것에 집착해 자꾸만 비대해진다.

부정적인 내 몸 관성법칙의 패턴은 움직이지 않으면서도 필요 이상으로 먹으며 눈으로 보는 즐거움에 집착하는 것으로 나타나며 대뇌의 쾌락중추의 같은 뿌리에서 기원한다. 움직이지 않는 아이들이 많이 먹거나 편식하는 것은 중독적인 행위의 같은 회로 공유 이론에서 나온다. 즉 TV 중독이나 인터넷 중독과 같은 몸을 움직이지 않는 행위의 쾌락적 만족감은 탄수화물이나 약물 중독과 같은 회로를 타고 전달된다.

반면에 운동은 이런 중독적 행위들을 분산시키는 효과가 있다. 브라질의 캄피나스대학교의 호세 카르발헤이 박사는 운동이 뇌 시상하부의 포만감을 담당하는 신경세포의 신호를 활성화해 식욕을 억제하는 호르몬인 렙틴과 인슐린의 민감성을 증가시킨다는 사실을 밝혀냈다. 즉 적당한 운동이 에너지 연소를 증가시키는 것 외에도 포만감 신호를 조절해 칼로리 섭취를 억제하고 체중 증가를 막는 효과가 있다.

한 연구에 따르면 유산소운동이 무산소운동보다 렙틴 증대 효과가 높아 식욕을 억제하는 데 더 도움이 된다고 한다. 특히 공기가 맑은 야외나 숲에서의 걷기 운동은 식욕 억제에 가장 효과적인 것으로 알려져 있다.

운동이 과도한 식탐을 줄여주거나 지나친 편식을 막아주는 또 다른 이유는 운동이 가진 긍정적인 정서 생산 능력에 기인한다. 적당한 운동은 즐거운 감정을 유발해 스트레스를 떨어뜨린다. 운동 자체가 하나의 엔도르핀 생성 요소가 된다. 소아비만의 상당수는 스트레스성 과식에 의한 것이며, 저체중의 대부분은 강박성 편식이 원인이다. 특히 신체활동을 하지 않은 채 하루 종일 집에서 지낼 경우 식욕을 제어하거나 정상적인 식욕을 가지기가 더 어렵다. 반면에 적절한 운동은 스트레스를 떨어뜨리고 식욕통제력도 높여 과식하거나 편식할 여지를 막는다.

운동은 자존감 또한 높여준다. 운동이 허약한 아이들에게 부족하기 쉬운 자신감이나 성취감을 높여주기 때문이다. 자신감이나 자존감 부족은 올바르게 성장해 나가는 데 큰 걸림돌이다. 운동 과정에서 얻는 즐겁고 행복한 경험은 아이에게 여러 가지 긍정적인 심리 변화를 가져와 올바른 성장을 위한 생활습관 개선에 많은 도움을 가져다준다.

소아비만이나 편식이 심한 아동의 심리평가를 진행해나가다 보면 각 회차별 평가에서 운동을 꾸준히 한 아동과 그렇지 않은 아동은 같은 체중을 감량하거나 편식을 개선해나가고 있다고 하더라도 그 심리적 성취도에서 차이가 나는 것을 알 수 있다. 즉 운동은 아동의 심리적 안정성에 지속적인 영향을 주는 것이다.

주위에 보면 아이를 운동시키는 데 지나치게 전투적인 엄마들이 많다. 그러나 과유불급이라고 운동이 부족해서도 안 되지만 운동이 지나치면 아이의 운동에 대한 긍정적인 생각을 망친다. 특히 다이어트를 하는 소아비만 아이의 부모는 아이에게 혹독한 운동을 시키는 것이 효과적일 것이라고 생각한다. 하지만 소아비만 치료에 관한 한 혹독한 신체 훈련은 큰 효과가 없다. 만약 비만한 아이의 살이 빠졌다면 이는 운동을 많이 시켜서가 아니라 아이의 식욕을 잘 조절했기 때문이다.

얼마 전, 스코틀랜드 애버딘대학교 생태학연구소의 존 스픽먼 교수팀의 연구에서도 운동보다 음식이 비만을 부르는 더 중요한 원인이라고 밝혀졌다. 소아비만 다이어트의 근본적 취지는 운동이 아니라 음식조절이다. 그런데 일반인들은 여전히 다이어트라고 하면 운동을 많이 하는 것이라는 이미지를 떠올린다. 이런 고정관념이 다이어트를 힘들고 어렵게 만드는 원인이다. 소아비만을 앓는 어린이의 부모들과 상담해 보면 이 문제는 더 선명해진다. 대개의 소아비만 어린이의 부모님은 아이가 내켜 하지 않는 운동 스케줄을 마련해 억지로 시킨다. 하지만 소아비만 아동의 경우 무리하게 운동해서는 안 되는 종목이 있으며, 운동하지 말아야 할 경우도 있는데 그 예는 다음과 같다.

첫 번째, 부적절한 운동 요법은 아이들의 식욕을 높이거나 입맛을 잃게 한다. 아무리 심리치료로 아이의 식욕을 정상적으로 조절해도 무리한 운동 한 번이 그 봉인을 해제해버리는 경우가 많다. 배보다 배꼽이 크다는 말이 여기에 들어맞는다. 소아비만 아동의 경우에는 늘어난 식욕 때문에 아이가 힘든 운동으로 겨우 빼는 칼로리보다 더 많은 음식을 섭취하거나 편식이 심한 아이가 아예 입맛을 잃는 딜레마에 빠진다.

두 번째, 운동으로 인한 신체적인 무리가 없어야 한다. 소아비만이나 편식으로 인한 저체중 아동의 경우 성장판에 문제가 일어나기 쉽다. 성장판에 무리하게 체중이 실리다 보니 성장도 더딜 수밖에 없다. 또 몸 안의 영양공급 시스템도 제대로 작동되지 않을 때가 많기 때문이다. 많이 먹지만 뼈나 뇌, 각종 신체기관에 꼭 필요한 영양소를 제대로 전달하지 못하게 되는 것이다.

특히 비만인 아이들이 무리한 운동으로 인해 연골 안에 든 성장판에 손상을 입은 경우를 종종 목격할 수 있는데, 그들 가운데는 과체중으로 인해 성장판이 손상되어 짝짝이 발이 되거나 불균형한 체형으로 발전하는 경우가 흔하다.

또한 지나치게 근육을 많이 쓰는 운동은 연골 소식의 혈류를 방해해 성장 자체를 방해할 수 있다. 따라서 마라톤과 같은 장거리 달리기나 무리한 근육운동, 권투와 같은 각종 격투기처럼 근육을 한꺼번에 무리하게 쓰는 운동은 비만 아동이 가급적 피해야 한다. 설사 다소 격한 운동을 하더라도 연골 손상이나 근육 피로를 막으려면 충분한 스트레칭과 적당한 운동량을 반드시 지켜주어야 한다. 전문가가 아닌 이상 비만 어린이에게 무리한 운동을 시키는 것은 매우 위험한 일이다.

그러나 운동은 아이가 올바르게 성장하는 데 반드시 실천해야 할 필수 항목이다. 자신의 상황에 적절한 운동은 근육을 늘려 대사능력을 향상시키고, 올바른 식욕을 가지게 한다. 그렇다면 어떤 운동이 올바른 식욕조절에 더 도움이 될까? 가장 좋은 운동은 아이러니하게도 걷는 것이다. 걷기는 지속적으로 내 몸을 움직인다는 내 몸 관성의 법칙을 강화시키는 효과와 더불어 각종 중독에 찌든 머리를 정화시켜주는 생각 중지 효과까지 가지고 있다. 가족이 야외에서 함께 걷는 것이야말로 부담 없이 할 수 있는 매우 좋은 운동이다.

이밖에 집에서 간단하게 할 수 있는 운동으로는 '천천히 숨 깊이 운동'이 있다. 천천히 숨 깊이 운동은 지금껏 나온 근육 강화운동 가운데 운동이 부족한 초보자나 평소에 따로 운동할 시간을 내거나 공간을 찾기 어려운 현대인들에게 적합한 운동이다. 동작은 최대한 천천히, 들숨과 날숨을 정확히 구분해서 호흡함으로써 근육의 강화능력을 극대화시키는 스트레칭과 근력 강화운동을 결합한 운동법이다.

'천천히 숨 깊이 운동'은 몸이 일으키는 일종의 착시를 이용한 근육단련법이다. 천천히 부하가 적은 운동을 하면 근육은 강한 부하의 운동을 하는 듯한 착각에 빠진다. 천천히 숨 깊이 운동은 근육의 혈액 흐름을 느리게 하는 원리를 기본으로 한다. 트레이닝을 하면 근육은 쉬지 않고 움직이며 저혈류 상태에 다다른다. 이 저혈류 상태는 근세포가 늘어나기 위한 이상적인 환경이다. 그러면 휴식기에 우리 몸은 더 강한 근육을 만들려고 애쓴다. 또한 적은 부하로 운동하기 때문에 관절에 무리가 가지 않고, 특히 초보자들이 따라 하기 쉬우며 윗몸 일으키기, 무릎 굽혔다 펴기, 팔굽혀 펴기, 아령 들기 등 다양한 영역에 적용할 수 있는 좋은 운동법이다.

4
Balanced Growth Solution
인슐린 저항성이 아이를 해친다

"우리 아이가 벌써 당뇨라니요?"

유진이 엄마의 목소리에 당혹감과 불안이 묻어났다. 10세 유진이의 키는 131cm, 몸무게 48kg의 고도비만이었다. 혈액검사에서 당화혈색소 5.9%, 인슐린 농도 118ng/dl로 상승해 있었다. 전형적인 당뇨는 아니었지만 당뇨 발현을 예측하는 수치가 매우 높게 나왔다. 이런 상태가 지속되면 당뇨로 전환될 가능성이 높다. 유진이 엄마는 친정아버지가 당뇨성 신부전으로 혈액투석을 받고 있는 상황이라 충격이 몇 배로 컸다. 일찍 관리하지 못한 것에 대한 자책이 이어졌다.

우리 몸의 기능을 잘 나타내며 미래 건강의 바로미터로 칭하기에 부족함이 없는 지표로 인슐린 호르몬을 든다. 비만으로 방문하는 어른이나 아이들에게 혈중 인슐린 농도를 체크해보면 예외 없이 인슐린 호르몬이 증가되어 있다. 앞에서 성인병의 원인으로 꼽았던 인슐린 저항성이 여기서도 나타난다. 혈당을 낮추는 인슐린의 기능이 저하되어 세포가 포도당을 효과적으로 연소하지 못하면서 인슐린 저항성이 높아진다. 인슐린 저항성이 높아지면 결국 인슐린을 분비하지 못하고 혈당만 높아진다.

이전까지만 해도 태어날 때부터 인슐린이 부족한 1형 당뇨가 대부분을 차지하던 소아당뇨병에서 최근 성인이 되어서야 나타나는 인슐린 불량이나 인슐린 소진으로 생기는 2형 당뇨가 3분의 1 내지 절반까지 차지한다는 통계가 나오고 있다. 이는 모두 어린이 비만이나 열량 과잉 섭취에 의해 새로 생긴 신종 현상이라고 할 수 있다.

인슐린 저항성이 있으면 혈중에 인슐린 농도가 증가하는 고인슐린혈증 상태가 된다. 개별 인슐린의 성능이 떨어지므로 많이 분비되어야 한다. 우리나라 성인병이 폭발적으로 늘어나고 있는 것도 바로 인슐린 저항성이 만연하기 때문이다. 따라서 인슐린 저항성을 인슐린 민감성으로 바꾸는 것이야말로 백세건강의 첫걸음이다. 인슐린 저항성은 아이의 2차 성징을 빨리 나타나게 하고, 이는 키를 낮추는 성조숙증으로 이어져 성장을 저해한다. 어른에게는 성인병을 일으켜 조기사망 가능성을 높인다.

우리나라에서 당뇨병이 갑자기 급증하는 이유도 소아비만이 성인비만으로 연결되고 스트레스 해소 수단으로 탄수화물 과다 섭취가 늘어나고 있기 때문이다.

따라서 건강하려면 혈액에서 나타나는 짝 잃는 인슐린의 범람에 촉각을 곤두세워야 한다. 그것들이 눈, 콩팥, 발가락, 심장 구석구석까지 좀먹는 일이 없도록 하자.

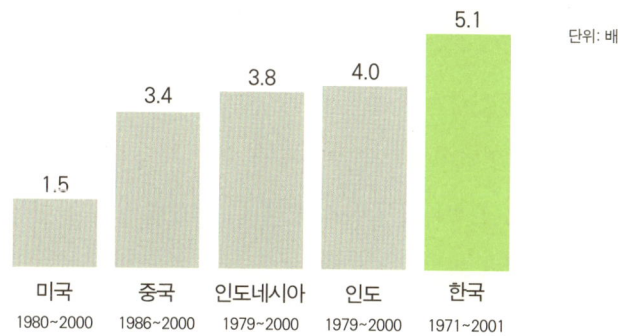

한국인의 당뇨병 증가율은 OECD 국가 중 1위에 오르고 있다. 가파른 당뇨병 증가율의 이면에는 세계적인 수준의 비만증가율이 숨어 있다.

정상적인 인슐린은 몸에 들어있는 혈당을 포획해서 체내에 적절하게 저장하지만 핸디캡 인슐린, 즉 기능 결핍인슐린은 혈당을 낚아챌 능력이 없어 체내에서 혈당과 함께 표류한다.

TIP+ 우리 아이의 인슐린 보호 로드맵 디자인

인슐린 기능을 건강하게 유지하려면 혈액검사에서 평균 혈당수치인 당화혈색소나 공복혈당이 낮으면 낮을수록 좋다. 혈당검사에서 정상 범위로 나타났다고 결코 만족하지 말아야 한다. 더 세심한 노력을 기울여 보다 낮게 유지하도록 해야 한다.

① 비만이나 내장비만이 있는 아이, 당뇨병의 가족력이 있는 아이, 고혈압이나 고지혈증, 지방간 등의 대사성증후군 소질이 있는 아이, 과도한 TV 시청이나 게임중독 등으로 활동량이 부족한 아이는 반드시 인슐린 저항성을 정기적으로 체크해야 한다.

② 공복혈당이 아직 당뇨 전 단계나 당뇨에 이르지 않았더라도 100mg/dL 근방으로 이동하고 있다면 즉시 인슐린 보호 조치에 나서야 한다.

③ 인슐린의 성능을 향상시키는 유산소운동을 규칙적으로 실시해야 한다. 인슐린은 운동하는 동안 순화되고, 유산소운동을 하는 동안 효율성과 민감성이 높아진다. 일주일에 3회 이상, 1회에 30분 이상 운동에 집중하라. 운동의 강도는 약간 땀이 나거나 숨찰 정도가 적당하다.

④ 인슐린 조기 소모를 막으려면 식욕을 80%만 채우는 절식과 규칙적인 식사시간 엄수가 필요하다.

⑤ 만약 당뇨 전 단계에 있거나 당화혈색소가 6%를 넘었다면 위의 조치를 보다 적극적으로 전개해야 한다.

⑥ 같은 칼로리라도 혈당을 덜 올리는 음식을 택하라. 칼로리가 같아도 혈당을 많이 올리는 쪽은 대부분 우리를 유혹하는 맛있는 음식들이다. 다

시 말해 음식에 맛이 없을수록 건강에는 이롭다.

⑦ 우리나라 소아 청소년의 비만은 탄수화물 섭취와 밀접한 관련이 있다. 비만아동이 생각과 달리 다른 영양소보다 탄수화물에 더 집착을 보인다. 고기 대신 탄수화물을 먹는 것이 건강에 이롭다고 착각하는 이도 많다. 밥도 많이 먹으면 남는 단수화물은 인슐린에 의해 지방으로 바뀐다는 평범한 사실을 명심하자.

⑧ 인슐린 저항성의 바로미터는 허리둘레다. 내장지방이 쌓이면 쌓일수록 인슐린은 고장이 날 확률이 높아진다. 따라서 복부비만이라면 당장 다이어트에 돌입해야 한다. 인슐린 저항성을 극복하기 위한 최고의 방법은 허리둘레를 줄이는 것이다.

⑨ 저당지수 식사로 바꿔라. 저당지수 식사는 식탁 위에 올라온 음식들의 혈당지수를 낮추어 인슐린 민감성을 높이는 식사법이다. 혈당지수란 같은 칼로리의 탄수화물을 먹었을 때 혈당을 올리는 정도를 설탕과 비교한 수치다. 혈당지수가 높은 음식을 먹으면 이에 대응해 인슐린이 과다 분비되어 우리 몸의 인슐린은 혹사당한다. 결국 같은 칼로리를 먹더라도 당지수가 높은 음식을 먹은 사람은 당뇨에 걸릴 확률이 높아진다. 저당지수 음식들은 정제가 덜 되어 있고 천연에 가까운 음식들이다. 백미 대신 현미를 찹쌀 등과 섞어 식사하는 것이 좋다. 설탕 섭취를 성인은 10g, 아동은 5g 이하로 제한하고, 대신 물 섭취를 하루 2L로 늘려라. 간식은 인스턴트 음식보다는 당근, 브로콜리, 오이 등의 야채나 과일로 전환한다.

5
Balanced Growth Solution
내 아이의 키를 바꾸는 성장호르몬

 또래에 비해 10cm 이상 작은 키로 내원한 초등학교 3학년 경준이의 표정은 많이 어두웠다. 아이의 키는 골고루 먹고 규칙적으로 운동을 해야 크는데 편식이 심하고 운동을 싫어하는 아이였다. 병원에서 실시한 심리검사 결과 아이의 우울도 수치와 스트레스 지수도 매우 높게 나왔다.

어떻게 하면 아이의 키를 키울까? 라는 고민은 우리나라 엄마들에게는 아이의 학업성적 못지않게 중요한 문제다. 소아비만 아이를 치료할 때도 부모가 더 기분 좋아하는 것은 살이 빠지면서 학업성적이 올라가고 키가 크는 것이다. 지나친 키에 대한 집착이 아이와 엄마에게 바람직하지 않은 스트레스가 될 수 있다고 타일러도 키에 대한 집착은 쉽게 꺾이지 않는다.

커야 할 시기가 정해져 있고, 이 기간이 지나면 키가 크지 않는다는 두려움과 더불어 키에 대한 사회적 선입견이 매우 강하기 때문이다.

아이들의 후천적 키의 기여도는 사춘기를 전후한 3, 4년 사이에 거의 결정된다. 사춘기의 절정인 초경과 고환 발달이 완성되면 성장은 거의 종료 단계에 있다고 봐도 무방하다. 더불어 우리나라에서는 '키'를 매력 기준이나 자기관리의 결과로 보는 경향 또한 팽배하다. 키가 작으면 사회적으로 성공해도 성공한 것이 아니라는 한 어머니의 비장한 말이 떠오른다.

하지만 아이의 키가 크는 데 부모의 유전적인 키와 더불어 아이의 스트레스가 중요하다는 사실을 직시해야 한다. 스트레스 수준에 따라 성장 정도가 차이가 난다는 것은 자명한 사실이다. 스트레스 호르몬은 성장호르몬과 경쟁해서 성장호르몬의 분비를 방해하고 성장호르몬의 효율적인 작용을 제한한다. 스트레스는 수면의 질을 떨어뜨리고 영양소의 불균형을 초래하여 비만과 저체중을 유발한다.

따라서 자녀의 키에 관심이 있는 부모라면 아이의 키 1cm에 안달복달할 것이 아니라 아이의 스트레스를 줄이는 데 집중해야 한다. 아이의 스트레스 호르몬이 줄어들면 우리 아이의 몸과 마음을 균형 잡히게 구성하는 세로토닌 호르몬이 활성화되며 성장호르몬 분비가 촉진된다.

키의 성장은 호르몬과 뼈와 근육의 상호작용에 의해 결정된다. 호르몬이 밀어서 뼈와 근육이 달려나가는 것이다. 특히 뼈끝의 성장판이라는 특수 부위의 활성화가 키 성장에 결정적인 영향을 미친다. 키가 또래에 비해 크다는 것은 동일 기간에 성장판의 길이 성장이 또래의 평균을 넘어선다는 것이다. 반면에 뼈의 길이 성장이 활발해도 근육이나 인대 등의 지지대가 부실하면 키는 자라는 데 제한을 느낀다. 이는 근육의 원료가 되는 단백질, 칼슘, 지방 등의 영양소를 골고루 섭취해야 하는 이유이기도 하다.

성장판을 자극하는 호르몬을 성장호르몬이라고 하며, 이 호르몬은 총괄적인 의미의 성장호르몬과 협의의 성장호르몬이 있다. 총괄적인 의미의 성장호르몬은 성장에 영향을 미치는 호르몬을 가리킨다. 태어나서 영유아기에 주로 작용하는 호르몬인 갑상샘 호르몬과 사춘기 전까지 작용하는 호르몬인 성장호르몬이 그것이다. 그것이 사춘기에는 성장호르몬과 성호르몬이 상호 상승작용을 해서 키를 키운다. 협의의 호르몬은 말 그대로 성장호르몬 주사로 알고 있는 성장호르몬이다.

따라서 키에 가장 큰 영향을 미치는 성장호르몬의 생성과 분비를 원활하게 하기 위한 다양한 노력이 필요하다. 그런 노력들로 운동, 영양, 수면이 강조된다. 하지만 잊지 말아야 할 것이 있다. 성장호르몬의 분비에 영향을 미치는 가장 중요한 요소 중 하나가 긍정적이고 규칙적인 활동이라는 점이다.

몸과 마음을 고양시키는 것은 키를 크게 하는 성장호르몬, 기분을 좋게 하는 엔돌핀, 학업 집중력을 높이고 우울증을 막아주는 세로토닌의 분비를 돕는다. 하지만 아이가 여러 가지 힘든 일로 스트레스를 받으면 스트레스 호르몬인 코르티솔이 분비되고, 코르티솔은 같은 원료를 쓰는 성장호르몬의 분비를 감소시킨다. 즉 스트레스 상황에 대처하기도 바빠 성장할 여력이 없다는 말이다.

호르몬의 가장 중요한 작동 원리는 피드백 시스템이다. 이 시스템으로 우리 몸은 항상 균형을 맞추는데, 여러 가지 원인으로 자극호르몬과 분비호르몬의 상호 교통시스템이 깨지면 병이 오는 것이다. 예를 들어 아침밥을 지속적으로 먹지 않는 아이나 어른은 식욕을 자극하는 호르몬인 그렐

린의 농도가 낮아진다. 그도 그럴 것이 식전에 꼬박꼬박 분비되어 배꼽시계 역할을 하는데도 불구하고 계속 음식을 들여보내주지 않는다면 헛수고를 계속 할 필요가 있겠는가? 호르몬도 두 손을 들고 마는 것이다. 이런 피드백 시스템의 존재는 반대로 말하면 우리가 훈련에 의해 호르몬을 조절할 수 있다는 뜻이기도 하다. 선행을 간접 경험하는 것만으로 긍정적인 호르몬과 면역계가 활성화된다는 테레사 효과는 호르몬은 훈련으로 조절할 수 있음을 알려주는 대표적인 예이다.

그렇다면 키를 키우는 데 도움이 되는 호르몬 훈련법은 무엇일까? 많은 훈련법이 있겠지만, 그중에서도 가장 좋은 훈련법은 봉사활동이다. 봉사활동은 가장 몰입적이고 집중화된 긍정적인 호르몬 분출 훈련법이다. 즉 나누는 마음은 가장 선하고 긍정적인 생각과 행동이기 때문에 이 기간 동안 성장호르몬은 강화되고 스트레스 호르몬은 악화된다.

더불어 나눔과 봉사는 자신을 돌아보게 하는 습관교정 효과도 가진다. 나와 같이 필리핀 의료봉사를 다녀온 아이들은 습관교정의 효과도 보았다. 먹을 것이 부족해 영양실조에 걸린 필리핀 원주민들 앞에서 음식의 고마움을 느끼지 못하는 아이는 없었다. 자기만을 중요시했던 근시안적인 시야에서 벗어나 봉사활동은 남을 돕는다는 기쁨 외에도 자신이 살아가야 할 세상의 반경을 넓힌다는 긍정적인 마음훈련 효과도 곁들여진다. 이 모든 봉사의 바탕에는 봉사점수 채우기가 아니라 스스로 돕고 싶다는 자발적인 이타심이 깔려 있어야 한다.

필리핀 의료봉사에 아들과 함께 했던 또래 친구 한 명은 작년에 봤을 때보다 키가 훨씬 컸다. 대략 또래의 같은 기간 성장속도의 1.5배에 달했다.

중학교 1학년인데 170cm에 육박했다. 부러운 마음에 그 아이의 어머니에게 넌지시 비결을 물었더니 작년 한 달간 여름캠프에 보냈다고 한다. 그 기간과 직후에 집중적으로 키가 컸다고 한다. 캠프 기간 동안의 규칙적인 기상 및 입면 시간이 몸에 배고, 인스턴트 음식은 손에 대지 않고 건강식으로 꼬박꼬박 먹었기 때문이 아닐까라고 한다. 물론 그 기간 동안 스마트폰이나 게임으로부터 멀어진 것도 커다란 수확이다. 규칙성과 긍정성이야말로 아이의 몸과 마음, 뇌를 키우는 최고의 재료라는 것을 알 수 있다.

더불어 성장호르몬 치료는 의학적 영역이므로 반드시 부모 혼자서 걱정하지 말고 아이가 성장호르몬 치료의 조건에 맞는다면 적절한 때에 치료할 것을 권한다.

성장호르몬 치료는 소아 치료와 성인 치료로 나뉜다. 아동의 치료 목적은 성장이다. 성장호르몬을 일으키는 질환을 가진 아동들에게 치료의 목적으로 사용하는 경우와 더불어 특별한 질환은 없으나 또래에 비해 지나치게 작게 성장해서 아동의 삶의 질을 떨어뜨리고, 성인이 된 후 저신장의 우려가 있는 경우에 사용된다.

성장호르몬 치료가 필요한 질환으로는 성장호르몬 결핍증, 만성 신부전증, 터너증후군, 매우 심한 저체중아, 프레더윌리 증후군(Prader Willi Wyndrome) 등이 있다. 특이한 질환이 없으나 최종적으로 예측된 성인 키가 남자 160cm, 여자 150cm 이하일 때 고려해볼 수 있다. 현재 국내에서 성장호르몬을 맞는 아이들 대부분이 이 경우에 속한다고 할 수 있다. 성장호르몬 주사는 사춘기가 오기 전에 빠르면 빠를수록 효과가 좋으며 경제적인 부담도 적다.

그러나 성장호르몬 주사에도 부작용은 있다. 성장호르몬에 관해 많은 연구가 진행된 결과, 성장호르몬 주사는 근육통 및 관절통, 주사 부위나 몸의 부종, 주사 부위의 두드러기나 발진, 갑상샘저하증, 두통, 대퇴골단탈구 등의 부작용이 있었다. 이런 부작용은 대부분 거의 경미하거나 드물고, 거의 모든 사례에서 주사 치료를 중단하면 없어진다. 체내에서 만들어지는 성장호르몬도 주사를 맞는 동안은 일시적으로 생성이 저하될 수 있으나 주사를 멈추면 정상적으로 환원된다.

즉 성장호르몬 치료는 의사의 진찰 아래 너무 과욕을 부리지 말고 원칙대로 맞으면 부작용은 거의 없다. 최근에는 주사침이 매우 가늘어지고 통증도 적어졌다. 주사는 성장호르몬의 분비 특성을 고려해 잠자기 전에 맞는 것이 바람직하므로 복부, 팔, 엉덩이, 허벅지 등에 돌아가면서 맞는다. 대부분 kg당 0.1단위를 매일 또는 주 6일 동안 맞으며, 체중에 따라 비용은 차이가 난다.

6
Balanced Growth Solution

우리 아이의 성장판을 열어라

아이의 키는 부모의 욕심만으로는 크지 않는다. 그렇다고 정해져 있는 것도 아니다. 유전 요인이 큰 역할을 하지만, 아이의 키는 음식, 운동, 수면, 스트레스 조절의 네 가지 축으로 굴러간다. 그중에서도 엄마가 준비하는 성장 식단이 아이의 키 5cm를 좌우한다. 성장 균형 식단을 통해 아이의 숨어 있는 키 5cm를 찾아내자. 일상생활에서 할 수 있는 키 성장에 도움을 주는 식사 원칙 일곱 가지를 소개한다.

① **성장호르몬을 분비시키는 음식을 준비한다.**
성장호르몬의 재료는 단백질이다. 우선 양질의 단백질 섭취로 호르몬 공급을 원활하게 한다. 또 성장호르몬을 잘 분비시키려면 숙면과 성장판 자극 운동 역시 중요하다.

② 칼슘은 성장의 근간이 되는 뼈를 튼튼하게 한다.

칼슘은 아이들의 성장에 빠질 수 없는 영양소다. 칼슘이 많이 든 음식으로는 우유, 두부, 멸치, 뱅어포 등 뼈째 먹는 생선, 미역 등의 해조류 등이다. 반면에 고칼로리, 고지방식은 칼슘 흡수를 방해한다. 칼슘을 많이 섭취하는 것도 중요하지만, 칼슘 흡수를 돕는 비타민 D 섭취와 공급에도 유의해야 한다. 비타민 D는 하루 15분~30분 정도의 일광욕으로 손쉽게 얻을 수 있다.

③ 규칙적으로 식사한다.

불규칙한 식사는 뼈와 근육이 아니라 피하지방에 영양분들이 편중되게 한다. 규칙적인 식사로 뼈와 근육에 영양분이 잘 공급되도록 돕는다.

④ 채소와 현미 위주로 섬유질이 풍부한 음식을 먹게 한다.

대체로 아이들이 기피하는 채소와 현미는 성조숙증과 잦은 혈당 변동을 막는 올바른 성장의 도우미다. 채소의 섬유질은 장 건강을 촉진하고 당지수가 낮은 현미는 인슐린의 조기 소모를 막는다.

⑤ 탄산음료와 같은 인산이 많이 든 톡 쏘는 음료들을 멀리 한다.

인산은 칼슘의 체내 흡수를 방해한다. 시중에 판매되는 음료들 대부분은 인산 함유량이 매우 많다. 카페인 역시 칼슘 흡수를 방해하는 대표 물질이다. 특히 여자 아이들의 경우 피하지방이 두꺼워질수록 성호르몬 분비가 늘어 성조숙이 빨라지고 성장에 문제가 발생한다. 성조숙은 성장판을 일찍 닫아 성장을 멈추게 한다.

⑥ 장 건강에 도움 되는 식단을 구성한다.

성장하는 아이들의 경우 장 건강에 문제가 있으면 성장이 지체되기 마련이다. 현미, 각종 장류 특히 청국장, 각종 콩 음식 등은 장 건강을 돕는 아미노산이 풍부하다.

⑦ 신선한 유기농 음식과 성장촉진제가 들어가지 않은 육류, 달걀, 가공식품을 선택한다.

오염된 공기나 각종 화학제품에 노출을 줄이고, 음식의 경우, 농약 잔류물이나 각종 환경호르몬이 적은 신선한 것을 선택해야 한다. 그렇다고 반드시 유기농이나 무농약 등의 친환경적 식품을 선택할 필요는 없다. 먹기 전에 흙이나 농약 등의 오염물질을 깨끗이 씻어내면 된다.

키 성장에 도움이 되는 음식

곡류군	현미, 통밀, 보리, 수수, 밤, 은행
어육류군	콩류(두부), 생선(멸치, 정어리, 뱅어포, 참치, 고등어, 명태, 청어) 고기(닭고기, 살코기, 쇠고기), 계란, 조개류(굴, 소라)
지방군	견과류(호두, 잣, 아몬드, 땅콩, 깨)
채소군	시금치와 당근, 호박, 표고버섯, 양송이버섯, 느타리버섯, 콩나물, 양배추 해초류(김, 미역, 다시마 등)
과일군	감, 귤, 딸기
우유군	우유, 치즈

성장호르몬을 분비하는 식단 예시

하루 1400kcal

	월요일		화요일	
	메뉴	중량(g)	메뉴	중량(g)
아침	현미밥	1/2공기	현미밥	2/3공기
	아욱 미더덕찌개	1/2그릇(미더덕 1/6컵)	생새우 미역국	1/2그릇(새우 2마리)
	순두부 계란찜	1그릇(계란 1/3개, 순두부 1/3봉)	콩자반	1/2접시(1큰술)
	양송이 감자볶음	1접시	고구마줄기 들깨볶음	1접시
			배추김치	1/2접시
간식	저지방우유	200ml	저지방우유	200ml
	방울토마토	20개	딸기	7개
	찐 감자	1개	시리얼	3/4컵
점심	뱅어포 주먹밥	2/3공기(뱅어포 1장)	콩나물 새송이버섯밥	2/3공기
	닭살 브로콜리볶음	1접시(닭살 1토막)	시금치 바지락 된장국	1/2그릇
저녁	현미 콩밥	2/3공기	현미밥	1/2공기
	들깨 머위탕	1그릇	쇠고기 감자국	1/2그릇 (쇠고기 1/2토막)
	꼬막찜	1/2접시(1/6컵)	고등어 무조림	1/2접시(1/2토막)
	파래무침	1접시	호박 양파볶음	1접시

7
Balanced Growth Solution

성장과
성호르몬의 관계

　　　　　　　　　　　　　　엄마와 초등학교 3학년생 여자아이 소연이가 함께 병원을 찾았다. 엄마의 걱정스러운 표정보다 더 시선을 끄는 것은 소연이의 주눅 든 표정이었다. 마치 죄지은 아이처럼 낯설고 불안했다. 얼마 전까지 소연이는 대학병원의 성장클리닉을 다녔다. 진찰한 의사는 지금으로서는 정확한 예후를 알 수 없으니 좀 더 지켜보자고 했다는데, 엄마는 소연이가 성조숙증이 있는 것 같아 수소문해서 우리 병원을 찾아왔다고 한다.

　성조숙증이 아이 키의 가장 큰 적이라는 사실이 밝혀지면서 성조숙증에 대한 관심과 우려가 커지고 있다. 성조숙증은 사춘기 증상이 여자아이는 만 8세 이하, 남자아이는 만 9세 이하에 나타난다. 여자아이에서는 가슴이 봉긋해지고 남자아이에서는 고환이 커지는 것을 2차 성징의 신호, 즉 사춘기 증상이라고 한다.

여자아이의 경우에는 가슴통증을 호소하거나 목욕하거나 옷 갈아입을 때 유방 발달을 발견할 수 있으며, 남자아이는 콧수염이 나거나 여드름이 날 때, 목소리가 변성기를 보이거나 음모가 나면 의심할 수 있다. 최근 들어 성조숙증을 가진 소아 청소년들이 기하급수적으로 늘어나고 있는 이유는 소아비만의 급증에 기인한다.

사춘기가 빨리 온다고 성조숙증이 발생하는 것은 아니다. 성조숙증 여부와 상관없이 사춘기는 찾아올 수 있다. 하지만 성조숙증이 생기면 체내 성호르몬의 농도나 수치가 증가하고, 따라서 대개의 경우 사춘기가 동반한다. 또래보다 빠른 사춘기는 정신건강에도 나쁜 영향을 미치지만, 그보다 중요한 사항은 성조숙증 자체가 가져올 건강상의 위험 요소들이다.

가장 큰 문제는 사춘기가 빨리 찾아옴으로써 아이들의 성장에 부정적인 영향을 미친다는 점이다. 10살 전까지는 정상인 아이들보다 키가 클 수도 있지만, 그 이후에는 성조숙증이 찾아오거나 성장이 둔화되면서 골연령이 높아지고 성장판이 조기에 닫혀 성장이 멈출 수 있다. 현재 밝혀진 성조숙증의 가장 큰 원인 중 하나는 소아비만이다. 따라서 대개 소아비만 어린이의 신장은 정상 아동에 비해 많이 작다.

게다가 성조숙증은 여자 아이들에게 많이 발병하는데, 성조숙증을 겪은 아이들은 나이가 들어, 조기폐경, 골다공증, 자궁암, 유방암 등 각종 여성 질환에 노출될 가능성이 현저히 높아진다.

성조숙증의 진단은 먼저 혈액검사로 아이의 성호르몬 수치인 에스트라디올과 테스토스테론이 필요 이상으로 올라가 있는지를 보고, 필요하다면 성호르몬 자극호르몬 농도를 검사할 수 있다. 더불어 성호르몬을 높일 수 있는 간 기능의 이상과 갑상샘저하증을 감별하기 위해 간 기능 검사와 갑상샘 자극호르몬 검사를 진행할 수 있다. 실제로 아이의 뼈 나이가 또래에 비해 성숙한지를 살피려고 골 연령 검사를 진행한다.

성조숙증이 강력하게 의심되어 사춘기 지연 치료를 해야 하는지 고민해야 하는 아동의 경우에는 검사의 정확성을 기하기 위해 2시간 동안 30분 간격으로 성호르몬을 자극하는 호르몬과 방출 호르몬을 주사한 후 성호르몬을 자극하는 호르몬의 농도를 측정해서 성조숙증 여부를 확진한다. 그 외 복부 초음파검사를 통해 성호르몬 분비 기관인 난소와 고환의 이상을 체크하며, 중추성 이상을 확인하기 위해 뇌 MRI를 찍기도 한다.

전문가의 진찰과 상담이 필요한 성조숙증의 징후들

- 여러 달에 걸쳐 자녀의 키가 한 달에 1cm 이상 자란 경우
- 사람들이 자녀를 또래에 비해 2년 이상 크게 보는 경우
- 유아기 때부터 신체발달이 빠른 경우
- 부모나 친척 가운데 성조숙증이 있거나 키가 일찍 다 자란 경우
- 초등학교 2, 3학년 이하의 여자 아이에게서 유방발달이 나타난 경우
- 초등학교 3, 4학년 이하의 남자 아이가 2차 성징이 나타난 경우

8
Balanced Growth Solution

내 아이의 건강, 비타민 D로 알 수 있다

진료실에서 엄마들로부터 아이에게 필요한 영양제를 추천해달라는 요청을 종종 받는다. 감기가 잦거나 아토피가 심하다든지, 편식이 심한 아이를 둔 엄마들은 한 번씩은 영양제를 꼭 묻는다. 물론 아이의 성장에는 비타민 C, 칼슘, 철분 모두 다 필요하다. 그러나 정작 필요한 영양제는 바깥에서 주어지는 것이 아니다. 우리 아이들의 몸에서 스스로 만들어진다.

나는 우리 아이들의 건강 상태를 가장 잘 나타내는 혈액검사 지표로 비타민 D를 든다. 왜냐하면 비타민 D는 난초처럼 되어 가고 있는 우리 아이들의 건강 상태를 피 속의 성분검사로 가장 잘 알 수 있는 매우 직관적이고 정확한 지표이기 때문이다.

특히 '난초병'에 시달리는 아이들은 대개 비타민 D가 10ng/ml 이하로 떨어져 있다. '난초병'이란 온실 속의 화초처럼 온순하고 평온한 환경에서만 생존이 가능한 현대병이다. 아이들의 난초병은 부모의 양육철학과 환경적 조건에서 비롯된다. 과잉보호는 아이의 마음과 의지를 허약하게 하고, 콘크리트로 둘러싸인 도시 환경은 아이에게서 자연치유의 기본 동력인 원시성을 빼앗아간다.

요즘 폭발적으로 늘어나고 있는 소아비만 역시 자기 몸과의 자연스러운 교감을 잊어버린 난초병의 일종이다. 몸의 정상적인 요구를 뛰어넘는 칼로리의 과도한 제공에 젖어버린 정신적 허약, 에너지 발산 기회를 잃은 갇힌 몸, 스트레스와 간편식의 덫에서 비정상적으로 자극적인 맛을 추구하는 중독적인 미각 등이 호시탐탐 우리 아이들의 몸을 노린다.

소아비만이나 저성장으로 병원을 방문하는 아이들의 비타민 D를 검사해보면 대부분 낮게 나온다. 비타민 D는 칼슘대사뿐만 아니라 두뇌의 뇌신경 호르몬 구성, 인체의 대사작용 등에 영향을 미치는 중요한 영양소로 부족해지면 골다공증, 근육 쇠약, 피부탄력 저하 등의 대사부전을 겪는다. 혈중수치는 정상치인 30ng/ml 이상, 불충분한 경우인 10~30ng/ml, 결핍된 경우 10ng/ml 이하로 나뉜다. 병원에 내원하는 대부분의 소아비만이나 저신장 아동의 혈중수치는 10ng/ml 이하를 나타낸다.

혈액검사, 비타민D가 나타내는 건강 상태 알아보기

- 10ng/ml 이하 결핍 : 위험한 상태로 비타민D를 활성화시키기 위한 즉각적인 실천이 필요하다.
- 10~29ng/ml 부족 : 주의를 기울여야 하는 상태로 결핍이 되기 쉽다.

- 30ng/ml 이상 충분 : 체내에서 충분하게 비타민D를 생성하고 있으므로 지속적인 유지관리가 필요하다.

비타민 D는 비만 및 우울증과 밀접한 관련이 있다. 미시건대학교 연구팀은 〈임상영양학 저널〉에 발표한 바에 따르면 비타민 D가 결핍된 아이들이 허리 주위 지방이 더 많이 쌓이고 체중이 더 빨리 증가한다. 바꿔 말하면 비만한 아이들 대부분에게서 비타민 D 결핍이 나타난다. 절묘하게도 콘크리트빌딩 속에서 활동할 공간을 잃어버린 아이들이 비만해지는 현실이 햇볕을 잃어버려 비타민 D 또한 부족해진다는 가설에 부합한다.

물론 비타민 D 결핍이 비만이나 저신장 아동에만 국한되어 나타나지는 않는다. 현대인의 삶의 환경은 비타민 D의 주된 제공원인 야외에서 햇볕을 쬘 시간을 박탈하는 콘크리트 숲의 삶이기 때문에 이런 현상은 모든 아이들에게서 예외 없이 나타날 것이다.

우울증 환자에게서도 흔히 비타민 D 결핍증이 나타난다. 특히 노인성 우울증의 경우 비타민 D 부족이 원인으로 주목받고 있다. 비타민 D와 세로토닌의 물질대사에 관해 직접적으로 밝혀진 바는 아직 없지만, 비타민 D 부족과 우울증 유발의 주요 원인인 세로토닌 결핍과의 상관관계는 충분히 미루어 짐작할 수 있다.

무엇보다 비타민 D는 칼슘이 뼈를 형성하는 데 없어서는 안 될 중요한 영양소다. 성장기 어린이의 경우 비타민 D는 칼슘이 뼈의 성장 부위에 장착되도록 돕는 필수 물질 가운데 하나다. 비타민 D가 정상 아동들보다 부족한 비만한 아이는 성장판의 조기 성숙이라는 호르몬의 작용 외에도 키가 잘 자라지 않는 이유를 하나 더 가지고 있는 셈이다.

특히 비만인 아이들은 몸에 영양소가 넘치는 것이 아니라 오히려 영양소가 부족하다. 소아비만은 아이 몸속을 영양소로 채우는 것이 아니라 아이의 몸속을 텅텅 비게 만드는 나쁜 질병이다. 또한 그 자리에 들어서서는 안 될 지방덩어리를 대신 채우고 있다.

비타민 D의 90%가 음식이 아니라 햇볕에서 얻는다는 사실을 주목한다면 지금 즉시 아이들과 햇볕이 풍부한 야외로 나갈 일이다.

PART 5

Balanced Growth Solution

내 아이를 살리는 위대한 습관

1
Balanced Growth Solution
하루 10분
쑥쑥 스트레칭

키 성장에 좋은 운동은 성장판을 자극하는 운동과 성장호르몬 분비를 도와주는 운동이다. 특히 척추와 다리의 뼈를 길이 방향으로 자라게 하는 것은 밀고 당기고 뒤트는 동작을 포함한 모든 방향으로 움직이는 운동이다. 팔다리와 무릎관절을 쭉 뻗으면서 파동을 주는 운동은 성장판을 자극한다. 운동의 3요소인 스트레칭, 유산소운동, 근력 운동을 종합적으로 실천해 뼈와 근육의 유연성을 강화시키고 성장판을 최대로 자극하는 것이 바람직하다.

특히 운동은 즐거운 마음으로 강약을 줘야 리듬을 만들어 성장호르몬의 분비를 촉진시킨다. 그러나 딱딱한 바닥에서 무리하게 자극을 주는 운동, 장시간에 걸친 높은 강도의 운동, 아이의 의사를 무시한 채 억지로 하는 운동, 근력 운동이나 유산소운동 중 한쪽에만 치중하는 균형 잡히지 않는 운동 등은 부상을 일으키거나 성장을 오히려 저해하므로 피해야 한다.

또한 밥을 먹은 직후 위가 꽉 찬 상태에서 운동하면 소화불량이 되거나 운동의 효과를 극대화할 수 없으므로 피하는 것이 좋으며, 가벼운 운동은 식사 후 1시간, 강도가 센 운동은 식사 후 2시간 등 위가 비었을 때 하는 것이 바람직하다. 그러나 무엇보다 중요한 것은 본인 당사자가 재미를 느끼고 운동을 즐겨야 한다는 것이다. 그래야 성장호르몬의 효율성을 극대화시킬 수 있다.

성장에 도움이 되는 운동 알아보기

- 줄넘기, 걷기, 달리기 : 다리뼈 성장 및 골밀도 증가
- 농구, 배구 : 뼈의 길이 성장에 도움을 주는 구기운동
- 수영, 스트레칭, 체조 : 관절에 무리가 가지 않는 전신운동
- 태권도, 축구 : 연골과 무릎 근육 발달

TIP+ 아침저녁 쑥쑥 성장 스트레칭

성장판을 자극하고 척추를 곧게 하며 근육의 비틀어짐을 방지하여 키 성장을 도와주는 스트레칭이다. 아침에 한 번, 가능하면 아침저녁으로 해주는 것이 좋다.

1. 누워서 온 몸 뻗기
매일 아침 일어난 직후, 저녁에 자기 전 누워서 하는 스트레칭이다.

① 양손을 머리 위로 쭉 뻗는다.

② 온몸이 늘어나는 느낌으로 손과 발끝을 쭉 뻗는다.

③ 3회씩 세 번, 총 9번 실시한다.

2. 앉아서 허리 펴기

굽은 허리를 펴주는 스트레칭으로 1번 스트레칭 후 실시한다.

① 양 다리를 모아 쭉 펴고 앉는다.

② 발끝을 몸쪽으로 당기고 양손을 몸 옆에 둔다.

③ 정수리가 위로 올라간다는 느낌으로 허리를 쭉 편다.

④ 옆에서 거울을 보았을 때 허리가 뒤로 젖혀져있거나 앞으로 굽지 않도록 조심한다.

⑤ 그 상태 그대로 호흡한다. 들이마시고 내쉬기를 5번 반복, 총 2번 실시한다.

호흡하면서 허리가 굽지 않도록 하며, 발끝을 항상 몸쪽을 향할 수 있도록 한다.
뒤에서 도와주면 훨씬 효과적이다.

3. 한 다리 접어 몸 앞으로 굽히기 Ⅰ

다리의 성장판을 자극하는 스트레칭이다.

① 2번의 자세에서 왼쪽 다리를 접어 오른쪽 허벅지에 댄다.

② 숨을 들이마시며 오른쪽 손을 최대한 뻗어 머리 위로 올린다.

③ 내쉬면서 몸을 접어 오른손으로 오른쪽 발끝을 잡는다. 무릎은 굽히지 않는다.

④ 왼쪽 손을 뻗어 양손을 맞잡고 오른쪽 발끝을 당긴다.

⑤ 허리가 굽지 않도록 조심하면서 최대한 몸을 접는다.

⑥ 그 상태 그대로 호흡한다. 15초에서 20초간 자세를 유지한 후 천천히 올라온다.

⑦ 반대쪽도 똑같이 실시한다.
일반적으로 무릎을 펴고 발끝을 당기면 발뒤꿈치가 바닥에서 떨어지는 것이 정상이다.

4. 한 다리 접어 몸 앞으로 굽히기 Ⅱ

3번과 같지만 난이도가 약간 높으므로 3번을 충분히 익힌 후에 실시하는 것이 좋다.

① 오른 다리를 뻗고 왼쪽 다리를 접어 엉덩이 사이로 넣는다.

② 왼손을 몸 옆에 두고 중심을 잡는다. 몸이 한쪽으로 틀어지지 않도록 조심한다.

③ 들이마시면서 오른쪽 손을 위로 뻗어 허리를 쭉 편다.

④ 내쉬면서 오른쪽 손으로 발끝을 잡는다.

⑤ 3번의 ⑤~⑦과정을 똑같이 실시한다.

5. 무릎 꿇고 뒤로 눕기

앞쪽 허벅지를 자극하는 스트레칭이다. 3번 또는 4번 스트레칭 후 실시한다.

① 무릎을 접어 앉는다.

② 팔로 지탱하면서 천천히 뒤로 눕는다.

③ 무릎이 바닥에서 최대한 떨어지지 않도록 조심하며 눕는다.

④ 양손은 몸 옆에 나란히 두고 호흡한다. 15초에서 20초간 자세를 유지한다.

⑤ 팔로 지탱하면서 천천히 일어난다.

6. 어깨 펴기

5번 동작 후 실시하는 스트레칭이다.

① 무릎을 꿇은 자세 그대로 앉는다.

② 몸을 접어 머리가 바닥에 닿도록 한 후 양손을 머리 위로 쭉 뻗는다.

③ 어깨를 누른다는 느낌으로 몸을 뻗은 후 15초간 자세를 유지한다.

④ 팔을 천천히 오른쪽으로 옮긴다. 몸통과 머리의 방향도 오른쪽을 향하게 한다.

⑤ 왼쪽 어깨를 누른다는 느낌으로 왼쪽 팔과 왼쪽 옆구리를 스트레칭을 한다.

⑥ 앞의 자세를 15초간 유지한 후 팔을 오른쪽으로 옮겨 똑같이 실시한다.

⑦ ③의 자세로 돌아와 10초간 자세를 유지한 후 천천히 일어난다.

과도하게 몸을 틀지 않도록 조심한다. 엉덩이는 뒤꿈치에서 약간 떨어져도 무방하다.

7. 누워서 다리 안기

마지막으로 허리와 다리를 스트레칭 해준다.

① 편하게 누운 자세에서 양다리를 든다.

② 무릎을 접고 양손으로 다리를 안아준다.

③ 허리가 살짝 들릴 때까지 다리를 위로 안아 올린다.

④ ③의 자세가 익숙해지면 다리를 안은 상태에서 양손으로 발꿈치를 잡는다.

⑤ 무릎을 살짝 펴고 손으로 발꿈치를 누르면 허리가 ③보다 좀 더 위로 뜬다.

⑥ 발끝이 반대쪽으로 갈 때까지 눌러주며, 15초에서 20초간 자세를 유지한다.

⑦ 손을 풀고 다리를 내려 눕는다.

2

Balanced Growth Solution

적정 수분을 유지하라

　요즘 아이들에게서 흔히 나타나는 특징 중 하나가 물을 싫어하는 것인데 야채를 기피하는 것보다 더 흔하게 나타나는 현상 중 하나이다. 이유는 아이들의 미각이 자극적인 음식에 중독되어 있기 때문이다. 중독된 미각은 짧은 시간 미각적 쾌락을 최대한으로 공급하려고 한다. 그리고 밋밋하고 배만 부른 물을 싫어하도록 우리 몸을 변형시킨다. 게다가 물은 미각중독이 우리의 뇌를 속이고 길들이는 과정을 방해해 중독된 뇌에게는 싫은 존재가 아닐 수 없다.
　탈수 상태가 되면 목이 마르다는 신호를 대뇌의 갈증중추로 보내는데, 음식중추에서 이를 가로채 목마름을 배고픔으로 착각하게 만든다. 배가 고프다고 착각하니 음식을 섭취하게 된다. 음식이 들어오면 우리 몸의 삼투압이 높아지고, 우리 몸은 더욱 더 갈증을 느끼게 된다.

갈증이 배고픔으로 전달되면서 일어나는 현상은 다음과 같다.

신호 착각에 의한 배고픔 현상

신호 착각 ➡ 음식 섭취 ➡ 갈증 강화 ➡ 배고픔

신호 착각이란 배고픔과 갈증의 숨바꼭질 행보가 지속되는 것이다. 그런데 물을 충분히 섭취하면 목마름을 느낄 새가 없으니 배고픔과 갈증의 미각중독 강화 사이클이 원천적으로 가로막히는 셈이다.

그렇다면 물은 비만치료에게만 효과가 있을까? 그렇지 않다. 평상시의 적당한 물 섭취는 아이들의 최적 건강과 올바른 성장을 도와주는 최고의 친구다.

우리 몸은 70% 이상이 물로 이루어져 있다. 물은 세포 유지, 혈액순환, 노폐물 배출, 체열 발산, 체액의 산성도 유지 등 중요한 역할을 수행하는 없어서는 안 될 요소다. 여름철이라면 성인 기준 하루 2.4L, 아동 기준 1.5L 이상의 물이 필요한데, 우리나라 남성은 겨우 평균 1L, 여성은 0.8L 정도를 마시는 수준이다. 물을 마시기가 꺼려지는 겨울철의 사정은 더 나쁘다. 의학적으로 이를 만성탈수 상태라고 부른다.

만성탈수란 인체의 2% 이상의 물이 3개월 이상 부족한 것을 말한다. 체중이 60kg인 사람이라면 몸에 물이 800ml 정도 부족할 때 만성탈수라고 할 수 있다. 우리 대부분은 만성탈수 상태임에도 불구하고 하루 필요량의 절반도 마시지 않는 사람이 허다하다.

하루 2L의 물이라면 큰 유리컵으로 9잔 정도에 해당한다. 그러니 깨어 있는 동안 시간당 한 컵은 마셔야 채울 수 있는 양이다. 특히 여름철은 땀 등으로 수분 소모가 많기 때문에 시간당 2컵은 마셔야 한다. 운동할 때 역시 시간당 2컵은 마셔야 한다. 목이 마르다는 느낌은 중요한 내 몸의 신호이니 지체 없이 갈증을 해소해야 한다. 그럴 때는 시간당 2~4컵을 마셔도 괜찮다. 자신의 몸에 수분이 충분한지를 판단하는 기준은 갈증과 소변 색이다. 갈증을 느끼지 않을수록 소변 색은 맑고 투명해야 좋다.

일주일 정도 꾸준히 물 마시기를 반복하면 맹물의 밋밋하고 순수한 맛을 즐기게 된다. 오히려 탁한 음료나 갈증을 싫어할 것이다. 각종 첨가물이 섞인 음료의 경우 식욕을 증가시키거나 그 맛 자체에 중독되어 비만을 조장할 우려가 있다. 물 대신 이런 음료를 마시는 것은 현명한 선택이 아니다.

오히려 이런 음료를 먹었다면 얼른 물을 마셔 그 맛을 희석할 필요가 있다. 음료의 맛이 계속 혀에 남아 있으면 식욕이 증가하기 때문이다. 또 그 자체가 식품이기 때문에 위장에 무리가 가지 않게 하려면 즉시 물을 두 컵 정도 더 마시는 것이 좋다. 물이야말로 소아비만 아동뿐 아니라 모든 소아 청소년의 필수 영양소다. 숨 쉬는 것처럼 자연스럽게 물을 접하도록 부모님이 먼저 모범을 보이자.

1일 수분 섭취 권장량

- 성인 및 소아 체중의 4%(70kg 성인 : 2,500~3,000mL/day)
- 영아 체중의 15%(7kg 영아 : 1,000mL/day)

3
Balanced Growth Solution
몸맘뇌 균형성장 '622식단' 식사법

 우리 아이들의 올바른 식단은 현재의 체중, 우리 아이의 키에 맞는 적정체중, 향후 키 성장, 학습능력을 복합적으로 고려한 식단이다. 그래서 나는 '622식단'을 처방하는데, 이것은 탄수화물, 단백질, 지방의 비율을 6 : 2 : 2로 한 식단이다.

  탄수화물은 현미, 오곡밥 등의 복합당질을 위주로 하며, 단순당은 25g 이하로 제한한다. 단백질은 주로 생선 특히 고등어, 청어, 연어와 두부, 대두, 콩 등의 고급 단백질에서 골고루 섭취하도록 하며, 지방은 불포화 지방산 위주로 섭취한다. 간식은 호두나 잣 등의 견과류, 사과, 바나나 등의 불포화 지방산이 풍부하고 섬유질이 많아 포만감을 주는 재료를 선택한다.

  뼈 건강과 세포대사에 핵심적인 칼슘은 하루 1g 이상, 주로 저지방 고칼슘 우유, 멸치, 뱅어포 등에서 섭취하도록 한다. 섬유질은 양파, 당근, 부추,

오이, 다시마, 미역 등에서 골고루 하루 30g 이상 섭취한다. 아울러 물은 2L 이상 섭취해 세포의 탈수를 막는다.

① 섬유질 100% 활용하기

건강한 식단을 위해시는 먼저 섬유질을 100% 활용해야 한다. 자라나는 아이들에게 섬유질은 장의 건강과 입맛훈련이라는 측면에서 매우 중요한 영양분이다. 불행하게도 우리나라 사람들의 섬유질 섭취는 세계보건기구 기준에 비해 매우 낮다.

> **섬유질 건강하게 섭취하는 방법**

- 식사를 할 때 먼저 채소나 나물을 먹어라. 밥이나 맛있는 반찬에 손이 가는 것이 인지상정이지만 조금 참고 섬유질을 먼저 먹으면 다른 주메뉴나 밥에 대한 욕구와 그 섭취량이 줄어든다.
- 간식을 채소로 바꿔라. 비교적 풍미가 많은 당근, 토마토, 오이를 활용하라. 공복 시에 자주 접하면 식사 시에는 다른 반찬에 밀려 보잘것없게 느껴지던 이들의 맛이 매우 훌륭하다는 생각을 갖게 된다.
- 채소나 과일을 주스로 만들 때는 너무 잘게 갈거나, 건더기는 걸러내고 남은 즙으로만 마시는 일을 삼가라. 건더기야말로 착한 포만감을 주는 섬유질의 보물창고다.
- 쌀밥 대신 꽁보리밥이나 잡곡밥을 먹어라. 설탕을 넣지 않은 순도 높은 호밀이나 통밀빵도 괜찮다.
- 국이나 찌개에 채소 건더기를 2배로 넣어 조리하라. 건더기는 많을수

록 좋다.
- 이미 조리된 나물이나 김치는 너무 짤 수 있으니 요리 전에 간을 약하게 하거나, 물에 헹궈 먹어라. 물에 씻어낸 김치도 그 맛이 색다르고 꽤 먹을 만하다.
- 섬유질을 많이 먹는 것도 중요하지만 어떻게 먹는가가 더 중요하다. 섬유질이 제공하는 최대 이점인 꼭꼭 씹는 기쁨을 즐겨라. 생양배추나 생배추 잎은 씹는 기쁨을 즐길 수 있는 훌륭한 영양의 보물창고다.

② 소금 5g만 줄이기

소금을 5g 줄이는 것도 잊지 말자. 아이들이 인스턴트 음식을 많이 먹다 보니 덩달아 소금 섭취량도 늘어나고 있다. 짠 음식은 치명적인 위암뿐만 아니라 고혈압을 필두로 한 각종 성인병의 주범이기도 하다. 소금 섭취 과잉은 스트레스, 비만, 성격 등의 요인보다 더 직접적으로 혈압을 상승시킨다. 더불어 입맛을 변화시켜 비만을 부른다.

아이들에서 지나친 소금 섭취는 체내의 칼슘을 밖으로 배출시켜 뼈 성장과 키 성장에 저해요인으로 나타나는 것으로 밝혀져 더욱 주의를 요구한다.

우리는 하루 평균 13g 정도의 소금을 먹는 것으로 밝혀져 있다. 세계보건기구가 권고하는 5g에 비하면 2배가 넘는 많은 수치다. 평균적인 한국인이라면 지금 먹는 소금 양에서 반의반으로 줄여야 안전한 식생활을 영위할 수 있다.

소금 양을 줄이는 방법

- 국물을 마시지 마라. 국물에는 다량의 소금이 녹아 있다. 건더기만 먹고 국물을 남겨라.
- 비벼 먹지 마라. 특히 양념장에는 맵고 짠 양념들이 다량 들어가 있다. 비빔밥을 먹더라도 양념장을 될 수 있는 한 적게 비벼라.
- 각종 염장류 음식을 줄여라. 한식 중에는 소금이 다량 함유된 식품들이 많다. 가급적 이들을 멀리 하라. 간장, 된장, 고추장, 각종 젓갈 등이 대부분 여기에 속한다.
- 외식을 자제하라. 식당에서 먹는 음식들은 대개 맛을 좋게 한다는 명목으로 소금 투여량이 많다.
- 각종 스낵류나 패스트푸드를 자제하라. 과자나 패스트푸드 역시 맛을 내려고 다량의 소금을 넣는다.

③ 칼슘 10% 더 먹기

골다공증이 젊은이들에서도 자주 발견된다. 특히 소아 청소년에게 칼슘이 부족하면 성장에 직격탄을 맞는다. 이런 경우 칼슘 보충제도 도움이 되지만 근본적인 해결책은 평소에 칼슘이 풍부한 음식을 충분히 섭취하는 것이다. 칼슘이 많이 든 음식은 우유, 멸치, 각종 견과류, 녹색 채소 등이다. 이때 비타민 D를 함께 섭취해주는 것이 좋다.

비타민 D는 칼슘을 비롯한 각종 미네랄의 흡수에 도움을 준다. 비타민 D는 등 푸른 생선에서도 어느 정도 얻을 수 있지만, 그보다는 햇볕을 쬐어 피부에서 직접 합성하는 것이 더 효과적이다.

봄에서 가을이라면 피부가 조금 드러나도록 하고 햇빛을 15분 정도 받아 비타민 D를 생성하면 된다. 하지만 겨울에는 두꺼운 옷을 입는 데다 바깥 활동도 줄어 햇볕을 통한 비타민 D 형성이 어려울 수 있다. 따라서 집안이나 실내의 온도가 낮지 않게 한 채 옷을 가볍게 입고 창가에 앉아 20~30분 정도 햇볕을 쬐는 습관을 들이는 것이 좋다.

뼈를 약하게 하는 위험 습관

- 우유 마시는 것을 싫어하거나 뼈째 먹는 생선, 짙푸른 채소, 콩이나 해조류 섭취가 부족하면 칼슘이나 마그네슘이 부족하기 쉽다. 아침을 거르거나 인스턴트 음식을 자주 먹는 사람들도 대개 칼슘이 부족하다.
- 결식과 편식 등으로 해서 불규칙적인 영양 공급을 습관화하면 젊은 나이에도 빈혈과 골다공증에 걸리기 쉽다.
- 뼈를 자극하는 운동이 부족하면 뼈가 약해진다. 뼈를 강화시키는 운동의 원리는 체중 싣기다. 체중을 싣는 운동으로는 달리기, 조깅, 걷기, 등산, 줄넘기, 계단 오르기, 각종 구기 등이 있다. 골다공증을 가진 사람의 또 다른 특징은 활동량이 부족하고 자가용을 애용한다. 결국 햇빛 노출량이 적어 칼슘 흡수가 잘 안 되고, 혈액검사에서 저비타민 D 혈증이 자주 나타난다.
- 대사증후군의 소질, 즉 소아비만을 가진 아동이 정상체중 아동들에 비해 골다공증에 걸릴 확률이 높다.

뼈를 튼튼하게 만드는 생활습관

- 뼈에 좋은 자극을 주는 체중 싣기 운동을 일주일에 3번 이상, 한 번에

30분 이상 규칙적으로 한다.
- 칼슘이 든 음식을 골고루 섭취한다. 칼슘은 뼈째 먹는 생선이나 멸치, 미꾸라지, 뱅어포, 김, 미역 등의 해조류, 두부나 대두 등의 콩류, 녹색채소, 우유나 유제품 등에 많이 들어 있다. 특히 콩에는 여성호르몬과 비슷한 효과를 내는 이소플리본 등이 풍부해 칼슘 섭취를 간접적으로 돕는다.
- 커피나 콜라, 사이다 등의 탄산음료 섭취를 자제한다.
- 하루 한 번 10분 이상 피부를 햇빛에 노출한 채 야외활동을 즐긴다.
- 평소 꾸준한 근력운동으로 근육의 힘을 키우고 유산소운동으로 민첩성과 균형성을 키워 넘어짐을 방지한다.

식습관 바로 잡기

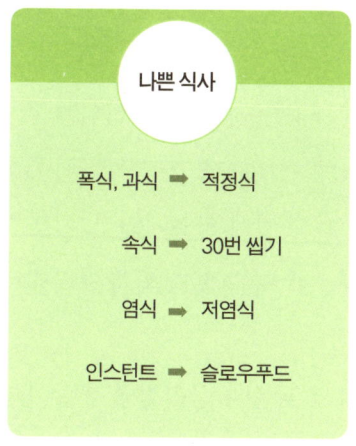

나쁜 식사
- 폭식, 과식 ➡ 적정식
- 속식 ➡ 30번 씹기
- 염식 ➡ 저염식
- 인스턴트 ➡ 슬로우푸드

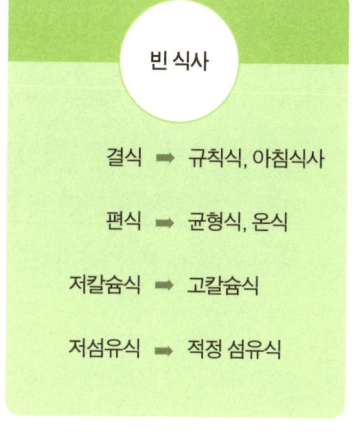

빈 식사
- 결식 ➡ 규칙식, 아침식사
- 편식 ➡ 균형식, 온식
- 저칼슘식 ➡ 고칼슘식
- 저섬유식 ➡ 적정 섬유식

4

Balanced Growth Solution

천천히 먹어야
바로 큰다

　　　　　　　　　　　소아비만 탈출 프로젝트 〈수퍼키즈〉의
건강주치의를 하면서 아이들에게 가장 강조했던 식습관 중 하나가 '천천
히 먹기'다. 음식에 중독된 비만아동들이 가장 못하는 것 중 하나가 천천히
먹기이기도 하다. 빨리 먹기는 하나의 사회적 현상으로 습득능력이 빠른
아이들은 이를 그대로 학습하면서 빨리 먹는 것이 당연시되었다. 또한 비
만 아동들은 음식에 대한 탐닉이 있기 때문에 먹는 속도 역시 빨라질 수밖
에 없다.

　우리의 빨리 먹기 경쟁은 사회 문화적인 흐름과 심리적인 현상이 맞물
려 빚어낸 풍경이다. 먹고 살기 힘들었던 시절은 빨리 한 숟갈이라도 더 떠
야 한다는 무의식을 대뇌에 각인시켰고, 자기에게 주어진 것을 완수해야
한다는 완벽을 지향하는 강박관념 또한 한몫했다. 특히 남자들은 군대를

갔다 오면 빨리빨리 먹기의 달인들이 된다. 그러나 밑바탕에서 작용하고 있는 것은 '빨리빨리' 습관이다. 이제 세계에서 제일 빠른 민족으로 얼리어답터의 최첨단기지가 되고 있는 우리나라의 경쟁력은 불행하게도 건강 면에서는 어처구니없는 부작용을 낳고 있다.

빨리 먹으면 배부르기 전에 음식의 대부분을 먹기 때문에 필연적으로 많이 먹는 것을 조장해 소아비만에 이르는 가장 큰 원인이 된다. 또한 빨리 먹기는 소화 장애의 원인이기도 하다. 위가 준비도 되기 전에 많은 양이 들어오기 때문에 만성적인 소화불량을 덤으로 가져가기 쉽다. 덜 씹힌 음식들은 위와 장에 부담을 주어 복통, 변비, 설사 등의 만성적인 소화 장애를 초래하기 쉽다.

마지막으로 빨리 먹기는 필연적으로 덜 씹기를 동반한다. 따라서 은연중에 우리 아이들이 반드시 섭취해야 할 영양소를 덜 섭취한다. 잦은 감기나 성장부진 또한 빨리 먹다 보니 덜 씹어 삼키는 습관과도 깊은 연관이 있다. 더불어 빨리 먹기는 신경질적이고 조급한 성격을 만들기 쉽다.

그렇다면 우리 아이들은 왜 빨리빨리 먹기의 포로가 되었을까? 아이들은 은연중에 빨리 먹기를 강요받고 있다. 먹기 자체가 성장이나 발육 등의 하나의 도구로 작용하고 완수해야 할 과업으로 여기다 보니 보다 집중해서 빨리 먹기를 지속적으로 요구받는다. 조금이라도 한눈팔라치면 불호령이 떨어진다. 결국 우리나라 특유의 빨리빨리 습관이 아이들의 식생활에도 여과 없이 반영되고 있다.

또한 자극적인 음식 위주의 식탁이 빨리 먹기를 부추기고 있다. 달고 짠 음식은 대뇌의 학습 효과에 근거해 마주하는 순간 우리 아이들의 통제력을 상당 부분 무너뜨린다. 인스턴트 위주의 부드러운 음식 역시 그 자체로 씹을 필요가 적어 빨리 먹을 수밖에 없는 환경을 조성한다.

천천히 먹기를 실천할 수 있는 가장 빠르고도 간단한 방법은 바로 한 입 먹은 음식을 꼭꼭 20번 이상 씹는 일이다. 이른바 '작식'이라 하는데, 입 안 음식이 맷돌에 간 것처럼 잘게 쪼개져 부드러워질 때까지 씹거나 적어도 20번 이상 꼭꼭 씹는 것을 의미한다. 작식을 통한 완식은 음식중독으로 허물어진 위의 통제력을 회복한다는 면에서 매우 중요한 훈련이다. 작식을 하려면 의도적인 노력이 필요하다. 또한, 완식을 하기 위해서는 혼자 먹는 것보다 여럿이 담소를 나누며 음식을 천천히 즐기는 것이 좋다.

부드러운 요리와 씹을 필요가 거의 없는 정크푸드는 꼭꼭 씹는 일이 필요없게 만든다. 따라서 거칠고 단단한 음식을 먹는 조식과 작식은 떼려야 뗄 수 없는 동반자다. 또한 작식의 효과를 높이려면 입 안에 침이 충분히 고일 때까지 씹는 일 또한 중요하다.

최근 그동안 잊고 있었던 침의 효과가 서서히 밝혀지고 있다. 작식을 하면 많이 생기는 침은 그 자체로 강력한 면역 증강 물질이다. 침에는 면역글로불린(IgA) 등의 면역물질과 독성 제거 물질이 들어 있다. 특히 페록시다아제라는 효소는 활성산소를 제거하는 능력을 갖고 있는 것으로 알려져 있다. 몸의 산화를 일차적으로 막아주는 역할을 침이 담당하고 있다. 그래서 침의 면역 증강 효과를 극대화하려면 잘 씹는 것이 매우 중요하다.

침이 고일 때까지 잘 씹다 보면 턱 관절이 뇌를 자극해 뇌 능력을 활성화하는 효과까지 얻을 수 있다. 한 입에 30번 이상 씹을 수 있다면 금상첨화다. 잘 씹으려면 한 번에 30번 이상 꼭꼭 씹겠다는 결심과 의지도 중요하지만 잘 씹을 수 있는 조건 역시 중요하다. 그 조건 두 가지를 알아보자.

첫째, 30번 이상 씹으려면 어떤 음식물을 선택하느냐가 중요하다.

오래 씹기 위해서는 어떤 음식물을 선택하느냐에 따라 씹는 횟수가 달라지기 때문에 밥은 백미보다는 현미를 선택하자. 현미는 벼에서 왕겨만 벗겨낸 상태다. 현미에서 쌀겨를 제거하면 배아미가 되고, 이 배아마저도 제거하면 우리가 흔히 먹는 백미가 된다. 그런데 쌀겨와 배아에는 필수 영양소들인 비타민 B1, B2, 니코틴산, 식이섬유, 각종 미네랄이 풍부하다. 어쨌든 백미는 단지 단맛이 높고 부드럽다는 장점만 있을 뿐 영양 면에서는 현미에 비할 게 못 된다. 현미를 30번 이상 씹으면 누구라도 특유한 깊고 풍부한 맛을 만끽할 수 있다.

둘째, 침샘 분비를 충분히 하려면 식사시간이 중요하다.

혼자 빨리 밥을 먹는 사람이라면 침이나 작식이 가져다주는 뛰어난 효과를 누릴 수 없다. 밥 먹는 시간을 최소 20분 이상으로 정해야 한다. 첫술을 뜨고 마지막 음식을 떠 넣을 때까지 최소 20분은 있어야 침의 효과를 볼 수 있다. 이는 작식에 동참할 식사 파트너가 가장 필요한 이유다. 가족들과 즐거운 담소를 나누며 먹는 식사가 진수성찬인 이유가 여기에 있다. 우리 아이들의 건강을 보장할 작식교육을 오늘부터 시작하자.

5
Balanced Growth Solution

아이 성장의
최대의 적, 편식

7세 미현이는 또래의 키보다 10cm 이상 작았고, 몸무게 또한 3% 안에 들 정도로 마른 아이였다. 체성분 분석에서는 근육량과 체지방 둘 다 부족상태로 나왔다. 성장판 검사에서는 예상 키가 150cm 후반으로 나왔다. 미현이 부모는 이 결과를 듣고 한참 동안 말을 잇지 못했다.

엄마가 스마트폰으로 미현이가 밥을 먹는 장면을 찍어 왔다. 식사시간에 미현이의 표정은 진료실 안에서 장난치는 모습과는 사뭇 대조적이었다. 잔뜩 못마땅하고 주눅이 들어 있었다. 밥이 들어가면 아이는 입에 한참 물고 씹지도 않고 삼키지도 않았다. 그러다가 엄마의 독촉이 이어지면 그제야 마지못해 씹기 시작했다.

엄마와 지난한 실랑이를 벌였지만 아이가 먹은 밥의 양은 또래 아이의 절반 정도밖에 되지 않았다. 밥을 먹을 때나 먹고 난 뒤의 아이의 표정이 매우 좋지 않았다. 엄마가 다른 동영상 하나를 보여주었다. 이번에는 미현이가 과자나 빵을 먹는 광경이었다. 동영상 속의 미현이는 완전 딴판이었다. 이 세상 누구보다도 맛있게 잘 먹었다. 곧 엄마의 잔소리가 이어지고, 미현이는 마지못해 과자를 내려놓았다.

부모들을 상담하다 보면 가장 큰 고민 중의 하나가 아이가 잘 먹지 않는다는 것이다. 툭하면 먹지 않겠다고 투정을 부리거나 식탁에 앉혀 놓아도 깨작깨작하다 일어나거나 특정 음식에만 수저가 가는 등 식사시간만 되면 엄마의 속을 긁어 놓는 아이들이 허다하다.

편식이나 잦은 결식은 아이의 성장을 저해한다. 만약 우리 아이가 표준 성장 도표로 비교했을 때 또래 평균 키의 25백분위수 이하, 즉 또래 아이 100명을 세워 놓고 25번째 안으로 작거나 6개월에서 1년 정도 관찰해서 또래 아이들보다 25백분위수로 이하로 성장속도가 느릴 때 저성장을 우려해야 한다. 저성장의 원인은 편식, 결식, 음식 투정, 식사 지연 등 잘못된 식습관을 들 수 있다.

어린이의 올바른 식습관의 중요성은 강조하지 않아도 될 정도로 중요하다. 우선 아이의 키, 뇌, 장기 등 몸 성장은 올바른 영양소 섭취가 바탕이 되어야 가능하며, 올바른 음식은 뇌 호르몬에 영향을 미쳐 정서적인 안정과 학습능력 개선을 돕는다. 키 성장과 근육 형성에 영향을 미치며, 어린 시절의 잘못된 식습관은 소아비만, 소아성인병으로 아이에게 평생 따라다니는 악영향을 미친다.

이때 잘 먹지 않는 아이들에게 신체적인 문제가 없는지를 살펴보는 것이 중요하다. 먼저 장 건강을 살펴보자. 아이들은 장이 좋지 않으면 먹기를 꺼린다. 장내에 대장균이 증식하고 있거나 체온이 정상치보다 다소 낮을 때 장 건강이 나쁠 수 있다. 이는 식이섬유의 섭취 및 운동 부족과 밀접한 연관이 있다. 잦은 설사나 무른 변, 변비 등이 있다면 유산균 음식이 도움이 될 수 있다.

비염이 지속되면 아데노이드 비대와 기관지염을 일으켜 음식 섭취 시에 해당 부위를 자극해 정상적인 식사를 방해한다. 또 아데노이드 비대는 수면의 질을 저하시켜 성장호르몬을 저하시키고, 아침 밥맛을 없게 만들며, 낮은 성장호르몬은 근육량의 부재를 가져와 입맛을 떨어뜨린다. 기관지 기능의 감소는 잦은 감기를 일으켜 식욕부진 등으로 식습관의 균형을 깨뜨릴 수 있다. 이런 경우 적절한 치료를 받고 코 호흡 등을 연습시켜 호흡기 기능을 강화시켜주는 것이 필요하다.

검진해보면 실제로 식사 때마다 발생하는 복통 때문에 음식 먹기를 꺼려하는 아이들이 많은데, 놀랍게도 그 원인은 빨리 먹으라는 엄마의 잔소리 때문이다. 음식을 먹을 때 빨리 먹으라는 잔소리를 들으면 심리적인 불쾌감이 상승해 두통, 가슴 뜀, 복통 등의 신체 증상이 발생한다. 이런 신체 증상이 반복되면 아이들은 자기도 모르게 식사가 자신의 몸을 해치는 것이 아닌가 하는 생각이 조건화된다. 이러면 다음부터는 잔소리를 듣지 않는데도 식사시간만 되면 복통이 발생하고 식사를 거부한다. 이럴 경우 아이는 자기도 모르게 식사를 꺼려 편식이나 식사 지연 등을 일으키고, 엄마는 다시 잔소리를 하는 악순환이 발생한다.

아이가 밥을 먹지 않을 때 엄마들이 흔히 저지르는 실수가 있다. 첫째, 영양제를 먹이는 것이다. 밥을 먹지 않으니 이거라도 먹으라고 비타민 같은 영양제를 주다보면 그것으로 됐다고 생각하고 식사를 대충해도 된다는 의식이 자리 잡게 된다.

둘째, 간식으로 부족한 영양소를 채우려는 엄마의 행동이다. 어떤 엄마들은 식사가 부실한 아이에게 간식을 더 많이 준다. 그러다보면 아이에게는 식사를 하지 않았더니 내가 좋아하는 간식을 준다는 조건화가 생긴다. 따라서 아이가 제대로 식사를 하지 않는다 해도 간식은 되도록 적게 주는 것이 좋다.

> **TIP+** 잘 먹지 않는 아이를 위한 몸맘뇌 성장 솔루션
>
> - 아이 혼자 먹게 하지 말고 가족이 함께 식사를 하며 식사시간이 즐겁다는 생각을 심어주어라.
> - 꾸물꾸물 억지로 먹는 아이의 경우 시간을 정해주고 그 시간 안에 식사를 끝내면 칭찬과 격려 등의 적극적인 보상을 해주어라. 정해진 시간 안에 다 먹지 않으면 오늘 식사는 이것으로 끝난다고 이야기하고 같이 치우는 것이 좋다. 이 경우에 혼을 내는 것은 좋지 않다. 아이가 정해진 시간에 식사를 다 하지 않으면 다시 먹을 수 없다는 규칙을 인지시켜주는 것이 필요하다.
> - 아이가 좋아하는 음식을 파악해 최대한 맛있게 조리를 해준다. 야채를 먹지 않는다면 아이가 좋아하는 기존 음식과 맛, 질감이 가장 유사한 채소를 다른 음식에 섞어서 조리해줌으로써 아이의 야채 거부감을 줄여주는 것이 좋다.
> - 간식에 집착하는 아이라면 과일, 과자 등의 간식을 끊는다. 간식에 대한 기대로 먹기 싫은 밥을 억지로 먹고 있을 가능성이 높다. 이런 아이들의

경우 밥은 간식을 먹기 위한 전주곡 정도로 생각할 것이다.

- 각각의 음식이 주는 영양소와 가치를 가르쳐준다. 음식 안에 있는 영양소들이 체내로 들어와서 키와 뇌를 키우고 몸을 건강하게 하는데 얼마나 좋은 역할을 하는지 가르쳐주고, 농부들의 노고를 알려주어라. 조리 과정에 아이를 동참시키는 것도 좋은 방법이다.

- 식사 규칙을 몇 개 주고 그것을 제대로 수행했을 때 적극적인 보상을 해주어라. 규칙을 예로 들면 꼭꼭 씹어 먹기, 새로운 야채 도전하기, 정해진 시간에 식사 끝내기, 밥 한 번에 반찬 한 번 골고루 먹기 등이다.

6
Balanced Growth Solution

소아비만은 상태가 아니라 질병이다

소아비만은 21세기 신종 전염병 혹은 흑사병으로 불린다. 심지어 인류 역사상 처음으로 자식이 부모보다 일찍 죽는 현상이 일반화되는 핵심 원인이 소아비만이라고 겁을 주기도 한다. 우리나라의 가장 큰 건강 문제로 비만과 당뇨를 들 수 있는데, 이것은 국가의 성장 동력과 의료보험 구조까지 흔들 수 있는 심각한 문제다. 그런데 그보다 더 심각한 것이 소아비만이다.

우리나라의 소아비만 증가율은 매우 가파르다. 최근 실시된 대대적인 실태 조사에서 우리나라 소아 청소년 비만 비율이 14%에 육박한 것으로 나타났기 때문이다. 거의 세계 1위 수준이다.

아시아인은 비만에 더 취약한 신체적 특징이 있다. 동양인의 대장은 서양인보다 길어, 인슐린 분비 능력이 서양인에 비해 매우 약하다. 육식 위주의 식사나 약간의 비만도 동양인에게는 매우 위험한 일이 될 수 있다. 따라서 우리 아이가 설사 비만이 아닌 과체중이라 할지라도 절대 수수방관해서는 안 된다.

간혹 중간에 치료를 포기하는 경우도 적지 않다. 처음에는 엄마들을 이해할 수 없었다.

'이렇게 중대한 질환을 방치하다니.'

'아이의 인생이 걸린 문제인데 포기하다니.'

안타까운 마음뿐이었다. 그런데 시간이 지나면서 내가 그 엄마들을 이해하지 못하는 만큼 그 엄마들 또한 소아비만의 심각성을 이해하지 못하고 있다는 사실을 깨달았다.

그렇다면 엄마들의 소아비만에 대한 심각성의 이해부족은 어디에서 올까? 사례가 쌓이다 보니 치료를 완수하는 경우와 치료를 중간에서 포기하는 경우의 인식 차이를 명확하게 정의해주는 가설을 세울 수 있었다.

소아비만 완치 엄마들의 경우 소아비만은 질병이라고 생각하고 있고, 중간에 포기하는 엄마들의 경우 소아비만은 단순한 성장 시기의 이상 상태라고 생각하고 있었다. 그러다 보니 중도에 포기한 엄마들의 경우 소아비만을 절실하게 치료하려는 노력도 약하고, 아이들은 방치되어 치료시기를 놓치기 십상이었다. 소아비만은 엄마가 만들고 결국 왕따가 되게 한다는 서글픈 현실이 입증되는 셈이다.

나는 요즘 소아비만은 상태가 아니고 질병이라고 확실하게 못 박고 치료를 시작한다. 어릴 때 살이 다 키로 간다는 잘못된 구시대적인 정보는 머릿속에서 즉시 삭제하도록 요구한다.

소아비만이 질병일 수밖에 없는, 불 보듯 뻔한 이유는 세 가지로 정리할 수 있다.

첫째, 소아비만에서 성인비만으로의 필연적 전환과 더불어 지방세포 숫자 증가의 비가역적 변화에 있다. 인구학적 확률로 보면 소아비만은 성인비만으로 80% 이상 전환할 뿐더러 한번 늘어난 지방세포 숫자를 줄이는 것은 불가능한 일이다.

둘째, 소아비만은 고혈압, 당뇨, 고지혈증, 지방간 등 대사성 질환의 기본 메커니즘인 인슐린 저항성을 아이들의 몸속에 이식한다. 40대가 되어서나 생겨야 할 성인병을 30년 이상 앞당긴다면 아이들의 건강 수명의 몰락은 불을 보듯 분명하고 뻔한 일이다.

셋째, 소아비만은 소아 청소년 시기의 올바른 성장을 막는 성장방해 병이다. 아이들은 해당 시기의 키 성장, 뇌의 올바른 구조화, 심리적 감성의 균형 발달 등의 과제를 이루어야 하지만 소아비만은 몸과 뇌, 마음 균형성장을 심각하게 저해한다.

이와 같은 이유에 근거해 소아비만은 흡연, 음주, 운동부족 등의 중대 생활습관 인자로부터 독립되어 암이나 뇌졸중 등과 동격으로 놓이는 질환으로 분류되어야 하는 것이 당연하다. 이런 노력 아래 미국에서는 일찌감치 소아비만 타파를 위한 노력이 이루어져 왔고 그것이 서서히 결실을 맺고 있다.

2011년 말, 미국 오하이오 주 당국은 부모에게서 강제로 자녀를 떼어내 요양원에 보내도록 행정명령을 내렸다. 부모가 자녀의 소아비만 치료를 제대로 이행하지 않았다는 것이 그 이유였다. 이렇듯 서구 사회에서는 보호자의 소아비만 방치를 범죄시하고 있다.

미 대통령 영부인인 미셸 오바마는 대통령 취임 직후부터 소아비만을 퇴치하는 일에 앞장서고 있다. 유명 연예인까지 합세해 벌이는 소아비만 퇴치 캠페인과 각종 정책은 항상 뉴스의 맨 앞부분에 등장한다. 그도 그럴 것이 미국은 한 해 120조 원이라는 천문학적인 비용을 비만 치료에 쏟아 붓고 있으며, 이 비용은 점점 더 늘고 있는 추세다. 비만이 사회, 경제적 부담으로 자리 잡고 있다.

내가 소아비만이 질병이라고 주장하는 이유는 아이들 스스로가 올바른 선택권을 행사할 수 없을 때, 치명적인 유산을 부모의 무관심과 철학 부족으로 유전하지 말자는 생각에서다.

고혈압이 신체적인 고통 없이 뇌졸중이나 심부전을 일으키는 것처럼 소아비만도 신체적 이상 징후 없이 비가역적인 합병증을 만드는데, 아이들은 이 사실을 알 수 없다. 이성적인 판단과 정보 수집이 가능하고 아이들을 옆에서 지켜보는 부모의 눈에만 소아비만으로 인한 아이들의 건강 저해가 짐작될 뿐이다. 따라서 부모는 부단한 노력과 비상한 결심으로 아이의 몸속에 평생의 짐이 될 질병의 씨앗을 남겨두지 않도록 소아비만은 상태가 아니고 질병이라는 명제를 새삼 되새겨야 한다.

> **TIP +** 소아비만 아동을 위한 생활습관 10가지
>
> 1. 체중에 맞도록 식단을 짠다. 체중 상태에 맞게 많지도 적지도 않게 적정 칼로리를 섭취한다. 항상 개인별 특성이 고려되어야 한다. 식단은 아이의 현재 체중상태와 아이의 건강상태, 감량 및 증량 능력 등을 고려해 맞춤형으로 설계해야 한다.
> 2. 인스턴트 음식은 피한다. 과자류나 고칼로리의 간편식들은 음식 의존성

을 가중시켜 절식 의지를 꺾는다. 중독성이 높은 간편식은 필요 이상으로 과다 섭취하지 않도록 주의한다.

3. 칼로리보다는 영양에 더 신경 쓴다. 탄수화물, 단백질, 지방의 6 : 2 : 2 황금비율을 지키고, 특히 적정 영양에 도움이 되는 칼슘이나 미량 영양소 섭취에는 더 신경 써야 한다. 특히 칼슘은 멸치, 뱅어포, 고칼슘 우유 등으로 섭취량을 늘린다.

4. 식사시간을 느리게 해서 느린 속도로 음식을 먹는다. 음식량을 줄이고서 식사시간을 늘리는 것이 어려울 것처럼 여겨지지만 비결이 있다. 음식을 한 입 먹고 30번 이상 꼭꼭 씹으면 되는 것이다. 비만인 사람의 경우 대개 '꼭꼭 씹기' 습관이 부족하다. 꼭꼭 씹기는 운동보다 다이어트 효과가 크다. 음식을 한 입 넣고 30번 이상 꼭꼭 씹도록 한다. 숟가락 대신 젓가락을 이용하면 더 유리하다.

5. 야채 섭취를 늘리고, 하루에 물 1.5L 마시기를 지킨다. 이 둘은 모두 소아 청소년의 올바른 식습관을 배양하는 일등공신이다. 야채는 포만감이 오래가도록 돕고, 끼니 사이에 물을 자주 마시면 식욕을 잘 통제할 수 있다. 특히 물은 그 자체로 칼로리를 소비시키고 기초대사량을 높이는 중요한 역할을 한다. 편식에 젖은 아이들의 경우 야채 섭취를 갑자기 늘리기 어렵기 때문에 계획을 세워 단계적으로 새로운 야채들에 도전해야 한다.

6. 소금과 설탕을 멀리하라. 소금과 설탕 모두 음식 중독을 일으키는 장본인들이다. 소금 섭취를 줄이기 위해 하루 4g 이하의 저염 식단을 설계해야 한다. 음식의 설탕과 소금 간을 차츰 줄여 절반까지 줄인다.

7. 밥 남기기 연습을 하라. 배가 약간 덜 찬 상태에서 "엄마 그만 먹을게요."라고 말할 수 있도록 연습한다. 애초 음식을 조금 적게 차리고 거기서 다

시 밥을 남기는 훈련을 해본다. 이때 옆에서 여기에 대한 충분한 칭찬과 보상을 실시한다. 반대로 저체중이라면 밥 다 먹기 연습을 하라.

8. 식탁에서는 식사만 하라. 식탁에서 게임이나 TV를 시청하는 등 다른 것을 하게 되면 식사에 집중할 수 없다. 그리고 자신의 식사량을 조절할 수도 없다. 식탁은 식사만 하는 공간이라는 공감대가 있어야 한다. 당연히 과일이나 야채 간식을 먹을 때도 식탁에서 먹는 것이 좋다. 이러면 TV나 인터넷을 하며 군것질하는 습관도 고칠 수 있다.

9. 당지수가 낮은 음식을 선택하라. 혈당 공급이 물결치듯 들쭉날쭉하면 당연히 식욕도 주체하기 힘들어진다. 간편식을 끊는 것만으로는 부족하다. 기존 식사에 당지수가 낮은 식품들로 재배치하도록 한다. 백미나 흰 밀가루, 백설탕 대신에 현미, 통밀, 통밀빵, 올리고당 등을 이용해 음식을 조리한다.

10. 식사가 의무나 고행이 아닌 감사의 선물임을 느끼도록 한다. 음식이 생명을 지켜주는 소중하고 고마운 존재로 여기게끔 한다. 지금 살을 빼는 과정 역시 건강한 몸을 위한 소중한 일이지, 남이 시켜 억지로 하는 숙제가 아니다. 그러니 무엇보다 필요한 것은 자신에게 주어진 하루하루, 매끼의 음식에 감사하는 마음가짐이다.

7
Balanced Growth Solution

마시멜로 식사법으로 현명하게

　　　　　　　　　　체중 관리에 문제가 있는 아동이나 정서적으로 불안한 아동들의 식사습관을 상담하고 처방하다 보면 아이의 정서 상태가 식사습관에 그대로 묻어나온다는 사실을 늘 확인한다. 흥미로운 사실은 그 반대의 가설도 가능하다는 점이다. 식사습관이 아이의 정서 상태나 생활습관에까지 긴밀하게 영향을 미치기도 한다.

　우리 아이들의 불안한 감정 상태는 빨리 먹거나 인스턴트 음식에 대한 집착으로 나타난다. 그래서 아이들의 스트레스를 조절해주는 것이 우선적으로 실천되어야 할 과제인 경우가 왕왕 있다. 아이들의 식습관을 교정해주다 보면 아이들의 정서 상태가 안정되는 사례 역시 다반사다.

　식습관 교정으로 잘못된 식습관 태도가 개선되면 아이들의 정서능력이나 학습능력에도 변화가 생기는데, 그중에서 가장 대표적인 변화가 만족지연력의 함양이다. '만족지연력'이란 자신이 원하는 목표를 이루기 위해 지금 즉각적으로 보상을 주는 다양한 유혹거리나 흥밋거리를 제어하고 미룰 수 있는 능력이다. 즉 오늘 해야 할 숙제를 하려고 컴퓨터게임을 3시간 미룰 수 있는 능력이며, 시험공부 기간에 방영되는 TV프로그램을 시험이 끝나고 난 뒤 녹화로 보는 것을 감내할 수 있는 능력이다.

나는 식습관을 교정할 때 미각에서의 만족지연력 함양을 강조한다. 미각 만족지연력이란 단맛, 짠맛, 매운맛 등의 자극적인 맛이 주는 유혹을 적절하게 통제할 수 있는 능력이다. 탐닉음식을 아예 먹지 말라는 것은 아니다. 다년간의 임상 경험상 아이의 욕구를 과도하게 누르면 그것은 오히려 더 큰 욕구폭탄이 되어 아이를 덮친다. 다만 자극적인 맛이 아이의 몸을 해치고 미각을 중독시키는 상태까지 이르지 않게 음식을 조절하고 통제하는 능력을 키우라는 의미다.

미각 만족지연력을 길러야 바른 입맛이 함양되어 소아비만을 치료할 수 있음은 물론 이후에 생길 다양한 탐닉음식의 유혹으로부터 자신의 몸을 건강하게 지킬 수 있다. 그래서 나는 만족지연력을 높이는 식사훈련을 '마시멜로 식사법'이라고 말한다. 마시멜로 효과야말로 만족지연력이 주는 긍정적인 효과의 예다.

마시멜로 효과의 실험 내용을 소개하면, 4세 아이 600명에게 마시멜로 한 조각을 주면서 15분을 참으면 한 조각을 더 주겠다고 했다. 끝날 때까지 참은 아이는 30명이었다. 이 과정을 잘 견뎌낸 아이들의 성장 과정을 관찰했더니 놀라운 결과가 나왔다. 미국의 대입수능시험인 SAT시험에서 마시멜로를 금방 먹은 다른 아이들보다 무려 210점이 높았으며, 30년 후의 연봉, 개인적인 성과, 직무능력에서도 확연한 차이가 나타났다.

이처럼 우리 뇌에는 만족을 지연시키거나 자신의 욕망을 스스로 통제하는 부위가 따로 있는데, 전두엽의 배외측 부위가 그것이다. 이 부위가 손상된 사람들은 매우 충동적이며 일탈적인 행위를 곧잘 하곤 한다. 만족지연력이 높다면 이 부위가 잘 발달된 사람이다.

만족지연력을 발전시키는 것이야말로 성공의 가장 중요한 지름길이며 다이어트나 소아비만 치료에서 핵심적인 요소다. 만족지연력을 체계적으로 발전시킨 사람일수록 미각중독에서 치유될 수 있는 가능성이 높다. 그 대표적인 훈련 방법이 '거꾸로 식사법'이다.

거꾸로 식사법은 단맛과 짠맛에 꼼짝 못하는 입맛에 혼란을 주어 새로운 입맛으로 태어나게 도와주는 새로운 방향 전환 도구다. 인스턴트 음식이나 단맛 음식만 보면 자동적으로 달려가는 식탐의 조건화 반응을 해체시키는 역할을 한다.

소아비만 아동들은 자기가 좋아하는 음식을 먼저 먹는다. 문제는 좋아하는 음식이 탐닉음식이라는 점이다. 탐닉음식은 미각중독 시스템 상 자극적인 맛을 가지면서도 과식을 야기하고 폭식 사이클을 강화시킨다. 대부분의 소아비만 아동들은 탐닉음식에 집착해 식탐 본능을 키우며 자기가 의도한 것 이상으로 과식한다. 탐닉음식에 대한 집착은 좋아하는 음식은 과도하게 먹고 좋아하지 않는 음식은 피하는 편식으로 나타난다.

편식은 영양소의 불균형으로 인한 성장 저해를 초래할 뿐만 아니라 비만을 악화시킨다. 편식하면 영양소가 편중되게 섭취된다. 따라서 나머지 영양소를 섭취해야 하므로 사람들은 항상 배고프다는 생각, 무엇인가를 먹어야 한다는 강박관념에 시달린다. 이것이 식사 때가 아닌데도 음식이 먹고 싶고 다음 식사시간이면 어김없이 과식하는 이유다.

마시멜로 원칙에 입각한 거꾸로 식사법은 미각중독을 강화시키는 이전의 식사 순서를 전면적으로 바꾼다. 먼저 샐러드나 나물 등의 입맛 인내심을 길러주는 섬유질부터 먹도록 한다. 그중에서도 양념을 하지 않은 채소와 과일을 먼저 먹는 것이 바람직하다. 그런 다음 양념한 채소와 과일을 먹는다. 고기는 정량만 담아 그만큼만 먹는다. 양이 적다고 느끼면 오래 씹는 것으로 대체하면 된다. 마지막으로 밥을 먹는다. 한 사이클이 돌면 다른 야채를 먹고 다른 단백질이나 지방 함유 음식을 먹은 후 마지막으로 밥을 먹는다. 이렇게 하면 야채의 섭취 비율이 올라가고, 고기 종류의 과도한 섭취가 조절되며, 탄수화물의 섭취 비율이 내려간다. 유난히 탐닉하는 음식이 있으면 다른 음식을 2회에서 3회 먹을 때 1회만 배당하는 식으로 먹는 빈도를 줄여나간다.

식탐이 강하거나 어떤 일에 대한 즉각적인 만족에 익숙한 아이들은 거꾸로 식사법을 통한 식사 순서 재조정에 거부감을 표시하기 십상이다. 그러나 거꾸로 식사법은 의외로 효과가 크며, 미각의 만족지연력이라는 긍정적인 능력을 향상시켜 아이의 생활 수행 능력까지 향상시킨다.

8
Balanced Growth Solution

몸의 요구만큼 자는 버릇

아이들에게 잠의 중요성을 가르치기는 쉽지 않다. 아이들의 에너지는 대부분 과잉이며, 따라서 잠자리에 드는 것을 아까워할 수도 있기 때문이다. 특히 밤에 하는 인터넷이나 TV 등의 볼거리에 빠진 아이에게는 잠자는 시간이 아까울 수도 있다. 그럼에도 불구하고 우리는 아이들에게 끊임없이 잠의 중요성을 가르쳐야 한다.

그렇다면 잠이 왜 중요한가?

하버드대학에서 학생들을 상대로 실험을 했다. 성적이 비슷한 학생들을 두 그룹으로 나눠 똑같은 과제를 내주고, 한쪽 편 사람들은 잠을 많이 자지 않으면서 공부하도록 하고, 다른 한쪽 편 사람들은 충분히 잠을 자면서 공부하도록 했다. 그리고 얼마 후 두 그룹 모두를 모아놓고 시험을 쳤다. 과연 결과가 어땠을까? 놀랍게도 잠을 푹 자면서 공부한 쪽의 성적이 더 높게 나타났다. 몇 번을 반복해도 똑같은 결과가 나왔다.

우리 뇌는 잠을 자는 동안에도 쉬지 않고 전날 일어났던 일들을 기억하려고 움직인다. 마치 모니터만 꺼지고, 컴퓨터 본체는 끄지 않은 채 움직이는 것과 같다. 특히 잠을 잘 자면 뇌에서 세로토닌이라는 호르몬이 나와 머리의 주기억 장치에 배운 내용들이 새겨지도록 돕는다. 잘 자면서 공부한 학생들의 성적 비결이 여기에 있다.

성장의 촉진인자, 잠

잠을 잘 자야 하는 이유는 공부를 잘 하려는 것만은 아니다. 충분한 휴식과 잠은 우리가 성장하는 데 중요한 역할을 한다. 잠을 자는 동안 우리 몸에는 여러 가지 일이 일어난다.

일단 낮 사이에 쌓인 피로물질들을 수면이 제거해준다. 잠을 제대로 자지 않은 어른들이 그 다음날 피곤해하고 힘들어 하는 이유는 잠이 가져다주는 피로물질 제거의 효과를 최대한 누리지 못했기 때문이다. 잠을 충분히 자지 않으면 항상 피로하고 감기에 자주 걸리는 피곤하고 면역력이 약한 몸으로 변한다.

더불어 성장호르몬은 우리 몸을 키우는 데 가장 중요한데, 성장호르몬의 배출 촉진 인자가 바로 잠이다. 성장호르몬은 잠이 든 후 일정한 시간이 지난 후 나타나는 깊은 수면인 비 렘수면에서 최고로 분비되는데, 이때가 밤 12시 이후부터 새벽까지다. 그래서 가급적 밤 10시 이전, 늦어도 11시 이전에는 아이가 잠자리에 드는 것이 바람직하다.

하루에 몇 시간 정도 자야 되느냐에 대한 질문이 많은데, 사람에 따라 개인차가 크다. 적정 수면시간은 연령에 따라 다르지만, 10살 이상의 청소년이나 어른의 경우에는 8시간 이상은 확보해야 하며, 나이가 더 어리다면 30분에서 1시간 정도 더 잠을 자는 것이 바람직하다.

> **TIP + 우리 아이 수면의 질 체크리스트**
>
> ☐ 1. 자다가 숨을 가끔 멈출 때가 있다.
> ☐ 2. 대자로 자지 못하고 옆으로 눕거나 엎드린 자세로 잔다.
> ☐ 3. 코골이가 심하다.
> ☐ 4. 자는 동안 많이 뒤척인다.
> ☐ 5. 입을 벌리고 잔다.
> ☐ 6. 아침에 잠에서 잘 깨지 못한다.
> ☐ 7. 자고 일어나도 피로하고 개운하지 않다.
> ☐ 8. 잠을 자는 시간이 모두 합쳐 7시간을 넘지 못하거나 9시간을 넘는다.
> ☐ 9. 잠들기 힘들어 한다.
> ☐ 10. 자다가 자주 깬다.
>
> (※ 이 가운데 3개 항목에 해당된다면 아이의 수면의 질이 현저히 떨어졌다고 판단할 수 있다. 그때는 즉각적인 조치와 해결이 필요하다.)

소아비만, 저신장, 체력 저하, 아토피 등 여러 가지 문제로 병원을 찾는 아이들에게 항상 수면처방을 제시한다. 문제는 수면처방을 하면 일부 엄마들은 여기에 강박적으로 반응하고 아이 역시 엄마에 대항해 결국에는 '아이 억지로 잠재우기', '엄마 말 듣지 않고 깨서 놀기'의 좋지 못한 대립 구도가 형성되는데 이런 것을 예방하는 방법을 알아보자.

첫째, 잠 때문에 아이와 갈등 상황을 만들지 말자.

인간의 심리는 미묘해서 억지로 잠을 자려고 하거나 갈등되는 상황에서는 각성중추의 작동으로 깊은 잠을 자지 못하는 경우가 발생한다.

비만 어린이들 가운데는 수면 습관이 나쁜 경우가 많은데, 여기에 수면 스트레스를 주면 수면 리듬이 흐트러지는 것은 물론 폭식본능까지 자극하기 십상이다. 소아비만 아동의 수면 습관을 한번에 모두 바꾸기는 힘들다. 천천히 수면시간의 양과 질을 조절해나가야 한다.

불면 악순환 회로

스트레스 ➡ 불면증 ➡ 잠을 자야 된다 ═불면 스트레스 ➡ 각성 중추 작동 ➡ 불면증 심화

둘째, 잠이 오지 않는 경우에는 억지로 자라고 강요하지 말자.

잠자기가 스트레스의 원인이 되면 아이의 수면 습관은 더욱 나빠진다.

잠을 자라고 강요하기보다는 적절한 야외활동이나 신체활동을 하도록 유도해 아이의 수면시간을 늘려야 한다.

일찍 자고 일찍 일어나라고 아이를 다그치는 부모들이 많다. 청소년은 생리적으로 늦게 자고 늦게 깨는 것이 맞다. 대개 잠은 몸의 체온이 내려가야 오는데, 청소년의 경우 몸의 중심 체온이 새벽녘에 내려가는 경우가 많기 때문이다.

사실 과학적으로 정해진 수면의 양은 없다. 다만 확실한 것은 지나치게 짧은 수면이나 긴 수면은 건강에 해롭다는 점이다. 적어도 6시간 숙면하면 건강이나 생활에 별 지장을 주지 않는다.

또한 아이가 쾌적한 수면을 취하려면 수면 중에도 코 호흡을 해야 한다. 코로 호흡하면 각종 바이러스나 오염 물질이 코 점막이나 코털, 코 안 분비물에 의해 일차적으로 걸러진다. 그만큼 감기에 덜 걸린다. 반면에 자는 동안 입 호흡을 하면 뇌에 산소가 제대로 공급되지 않아 두통이나 피로감을 유발한다. 최근에는 각종 교정 장치나 시술이 발달되어 어지간한 입 호흡은 교정할 수도 있다.

셋째, 잠자기 전에 아이의 발을 따뜻하게 해주자.

요즘에는 수면양말을 많이 신는데, 이것도 좋은 방법이다. 수면양말을 신는 것은 반신욕의 원리와 같다. 상체의 열은 식히고, 하체의 체온을 상승시켜 균형을 맞춘다. 피로가 쌓이는 저녁이 되면 이 체온 균형이 깨져 상부체온은 높고, 하부체온은 낮은 불균형 상태가 되기 쉽다. 반신욕, 족욕, 수면양말은 빨리 몸의 평형을 찾을 수 있는 방법으로, 아이가 반신욕이나 족욕을 하도록 이끈다면 금상첨화다.

넷째, 침실 온도는 20~25℃ 정도로 적정 온도를 유지하자.

　방 안 공기가 너무 차거나 너무 따뜻한 경우에도 수면을 방해한다. 수면양말을 이용한다면 가슴까지 이불을 덮어 체온을 유지하도록 한다. 쾌적한 수면을 원한다면 환기도 중요하다. 침실에 산소가 잘 들어올 수 있도록 창문을 약간 열어두는 것이 바람직하다. 문을 꽉꽉 닫아두는 습관은 오히려 편안한 숙면을 방해한다.

다섯째, 잠자리에서는 잠만 자도록 유도한다.

　잠자리에서 간단한 책 읽기 이상의 다른 일을 하도록 허용해서는 안 된다. 잠자리에서 전화를 하거나 게임을 하는 경우 교감신경을 흥분시켜 수면을 방해한다.

　또한 베개가 자신의 몸에 맞지 않거나, 침대가 자신의 허리나 척추에 무리를 가하거나, 이불이 너무 무겁거나 가볍다든지, 방 안 온도나 습도가 적당하지 않은 경우에도 잠을 자기 어렵다. 그러나 이런 외적 환경보다 아이가 잘 자지 못하게 하는 가장 큰 이유는 스트레스다. 잠자기 전에는 부모와 사랑과 즐거움이 있는 대화를 나눠 긴장과 스트레스를 최대한 떨쳐내야 한다.

> **TIP+ 아이의 숙면을 돕는 몸맘뇌 훈련법**

① 수면이 우리 몸에 끼치는 긍정적인 영향을 설명하고 이해를 구한다.
② 부모가 같이 TV를 끄는 등 수면환경을 조성하는 데 힘쓴다. 부모가 깨어 있는 상황에서 아이에게 잠을 자라고 강요하면 역효과를 내기 쉽다.
③ 잠자기 3시간 전에는 음식이나 물을 삼간다.
④ 자기 전 스트레칭으로 몸의 근육들을 풀어준다.
⑤ 낮 동안 피곤하게 지낸다. 적절한 운동은 숙면에 도움이 된다.
⑥ 햇볕을 쬔다. 낮에 햇볕을 쬐어야 밤에 멜라토닌이 더 잘 분비된다.
⑦ 약물을 남용하지 않는다. 약물 중에는 불면증을 초래하는 성분이 많다.
⑧ 숙면에 도움이 되는 천연물질 또는 영양제를 복용한다.

9
Balanced Growth Solution
독서로 건강하고 똑똑해지기

독서치료는 외국에서 일반화된 대체 치료수단 중 하나로 환자가 갖고 있는 각종 심리적 상황에 적합한 매체, 즉 책, 기사, 노래 가사, 영화, 연극, 뮤지컬을 선정해 감상한 뒤 자신의 심리문제를 표현, 객관화, 자기 분석하는 치료 프로그램이다.

우울증이나 각종 정서 문제, 중독 치료에 효과가 큰 편이며, 다른 대체 치료에 비해 환자의 자기주도성과 변화가능성 폭이 넓은 치료 프로그램이기도 하다. 성인의 경우 정서불안이나 우울증, 알코올중독과 같은 특정하고 심각한 문제를 안고 있는 사람들뿐만 아니라 정상적으로 발달해가면서 겪는 갈등이나 문제를 갖고 있는 사람들도 치료 대상자로 포함될 수 있다.

이 독서치료는 전문가에 의한 치료와 개인이 집에서 할 수 있는 치료로 나뉜다. 어떤 쪽을 생각하든 독서치료의 효과는 놀랍다. 비만에 대한 독서

치료는 실제로 다이어트 효과가 높다. 미국 듀크대학교 사라 암스트롱 박사는 비만 아동에게 자신의 몸매에 좌절하지 않고 활기차게 움직이는 뚱보가 주인공으로 등장하는 동화책을 보게 하고, 공감을 불러일으켜 살을 빼도록 도운 연구 결과를 발표했다. 비만 소녀가 나오는 소설을 읽은 소녀들의 체질량지수는 6개월 후 평균 0.71%나 떨어진 데 반해 다른 아이들은 그 절반도 떨어지지 않았다.

요즘 아이들은 시각적으로 현혹시키는 먹여주기 정보들의 범람으로 스스로 책을 읽어야 하는 독서를 고역으로 여긴다. 스스로 독서하는 습관을 길러주는 것은 아이의 자기주도성을 높이는 최선의 방법이다. 반대로 이야기하면 아이 스스로 독서를 즐긴다는 것은 자발성이 높아졌다는 증거이기도 하다.

독서는 주로 전두엽을 활성화해서 아이의 절제력과 이성적 판단 능력을 함께 높여준다. 또 정서 순화 효과도 높다. 컴퓨터 중독인 아이들이 절제력, 판단력이 부족하기 쉬운데 독서로 이런 능력을 높여준다면 IT중독에 대한 방어능력도 높아질 수 있다. 독서가 매우 정적인 활동임에도 불구하고 실질적인 효과를 발휘하는 것은 바로 이런 이유 때문이다.

소아비만 환자에게 항상 독서의 중요성을 강조해 다이어트 서적을 열심히 적극적으로 읽도록 하면 다양한 심적, 정신적인 자극을 받는다. 이때 옆에서 다이어트를 더 잘 할 수 있다고 독려하는 것도 도움이 된다. 특히 다이어트를 실행하는 동안 독서를 열심히 하면 식욕도 줄고 잡념도 쫓아 더욱 큰 효과를 얻을 수 있다.

이때 부모는 아이들에게 많은 지식을 알려주는 것이 아니라 아이들의 눈높이에 맞는 지식을 아이들의 입맛에 맞게 제공해야 한다. 아이들을 이해시키고 설득시키는 데 책보다 좋은 선생님도 없다. 구성주의 교육론에서 가장 주목하는 분야가 바로 독서와 독후감 활동이다. 아이의 내면의 변화를 이끌어내지 못하는 교육은 아무런 성과도 내지 못한다. 때로 부모나 선생님의 천 마디 말보다 아이가 감동을 느낀 책 속의 한 구절이 더 큰 영향력을 발휘한다.

독서치료는 우선 아이가 갖고 있는 문제점들을 잘 파악해 이를 해결해줄 수 있는 관련 동화나 글을 집에서 읽히는 것으로 시작할 수 있다. 컴퓨터 화면으로 보지 말고 출력해서 종이로 보여주는 것이 더 바람직하다. 이런 글을 읽은 다음 독후감, 해당 주제로 글쓰기를 곁들이면 효과는 더욱 높아진다.

TIP+ 건강을 잡아주는 독서치료 교재

유아용	• 《비만은 안 돼요》 (이현 지음 / 국민서관) • 《편식쟁이 마리》 (솔르다드 지음 / 시공주니어) • 《채소가 최고야》 (이시즈 치히로 지음 / 천개의바람) • 《키 크는 그림책》 (이현 지음 / 국민서관)
초등 저학년	• 《과자 마녀를 조심해》 (정희재 지음 / 책읽는곰) • 《건강한 게 최고야》 (양태석 지음 / 주니어김영사) • 《여우 아저씨 황금똥을 부탁해》 (김주현 지음 / 책읽는곰) • 《알록달록 과자의 비밀》 (여성희 지음 / 현암사) • 《자신만만 건강왕》 (차보금 지음 / 아이즐)
초등 고학년	• 《나 뚱보 아니야》 (마리 끌로드 베로 지음 / 교학사) • 《비타민 선생님의 위대한 식탁》 (김유리 지음 / 살림어린이) • 《인체와 질병 소아비만이란 무엇인가?》 (어린이과학동아 지음 / 동아사이언스) • 《맥도날드는 이제 그만》 (권은정 지음 / 연리지) • 《뚱뚱해서 싫어》 (오미경 지음 / 스콜라) • 《과학소년》 2011년 10월호 〈어린 내가 벌써 성인병?〉 • 《튼튼하고 건강한 몸 만들기》 (국민건강보험공단, 대한비만학회)

10
Balanced Growth Solution

키가 크고
날씬해지는 운동

최근 들어 아이들의 가장 심각한 문제는 머리로 하는 운동, 게임이나 학습 등의 비중은 늘고 있는데 몸으로 하는 운동, 즉 유산소운동이나 근력운동 등의 비중은 갈수록 줄어들고 있다는 사실이다. 이러면 아이들의 정서와 신체 발달, 학습능력에 심각한 지장은 물론 우리가 공상과학영화에서나 보던 팔과 다리는 가늘고 길며 배와 머리만 불뚝한 외계인형 체형이 우리 아이들의 미래 모습이라는 암울한 예측을 피할 길이 없다.

아이의 몸 지능을 높여주고 아이의 운동 선호성을 높여주는 쪽으로 운동교육이 진행되어야 한다. 즉 아이가 스스로 운동 쪽에 이런 재능이 있음을 발견하게 하고, 그런 과정을 거쳐 자신감을 키워주는 것이 중요하다.

특히 아이의 운동을 설계할 때 반드시 견지해야 할 원칙이 아이의 자발성이다. 본인이 좋아서 하는 운동이 아니라 부모나 선생님이 시켜 억지로 하는 운동은 운동에 대한 흥미를 떨어뜨릴 뿐 아니라 부상의 위험성을 높일 우려가 있다. 따라서 운동을 시작하기 전에 내 아이가 어떤 운동을 좋아하는지 탐색하는 과정이 반드시 필요하다. 즉 아이와의 대화와 관찰로 아동의 운동 강점을 찾아주어야 하며, 이런 과정은 학습 강점을 찾는 것 못지않게 아이의 삶에서 중요한 부분을 차지한다.

아이가 좋아하는 구기운동이나 유산소운동, 스트레칭을 하도록 하자. 유산소운동의 경우는 약간 숨이 찰 정도로, 근력운동의 경우는 약간 땀이 날 정도로 진행하는 것이 좋다. 뿐만 아니라 유산소운동이 렙틴 및 세로토닌 증대 효과가 높아 식욕을 조절해주고 정서를 함양시켜주는 효과가 있다고 한다. 특히 공기가 맑은 야외나 숲에서의 걷기 운동은 그 효과가 더욱 뛰어나다.

현대사회에서 갈수록 두드러진 경향은 신체건강과 정서능력이 뛰어난 아이가 관계능력이나 학습능력에서도 우월함을 보인다는 것이다. 진정한 의미에서의 엄친아란 적절한 학습능력 못지않게 건강한 신체와 정상적인 운동능력을 겸비한 소아 청소년을 가리킨다고 봐야 한다.

또 다른 현대사회에서 찾아볼 수 있는 특징으로 스마트폰, TV, 컴퓨터 등 시각적 중독 매체가 많아지면서 운동을 전혀 하지 않는 어린이가 많아진다는 것을 들 수 있다. 이렇게 운동을 하지 않다가 갑자기 많은 양의 운동을 하면 몸에 무리를 주기 쉽다.

처음에는 매일 15분 정도의 간단한 스트레칭이나 점프 운동으로 시작해 차츰 시간과 강도를 늘려나가는 것이 좋다. 운동 강도를 높이더라도 중강도 이상으로 1시간 이상 운동하는 것은 바람직하지 않으며, 운동은 같은 시간에 반복적으로 해야 더욱 효과가 좋다. 즉 매일 꾸준히 운동을 하되 1시간 이하의 중강도 운동을 해야 한다.

이런 운동은 이루 말할 수 없이 많은 긍정적인 효과가 있다. 몰입해서 하는 적당한 운동은 즐거운 감정을 유발해 스트레스를 떨어뜨린다. 요즘 아이들을 보면 학업이나 친구 스트레스가 많다. 신체활동을 하지 않은 채 하루 종일 집에서 지내면 스트레스가 더욱 상승한다. 반면에 운동은 스트레스를 감소시키며 긍정적인 마음을 갖게 하는 데도 도움이 된다. 특히 운동은 요즘 아이들에게 부족하기 쉬운 자신감이나 성취감을 높여준다. 자신감이나 자존감 부족은 아이의 관계능력을 악화시키고 학업동기를 감소시키는 주요한 원인이다. 자존감이 떨어진 아이는 자기 뜻대로 할 수 있다는 자기주도성을 생활 속에서 배우는 것이 필요하다.

이런 면에서 머리와 몸이 조화를 이루어 무수한 동작과 기술들을 연속적으로 연마해나가는 운동은 최고의 자기 주도 경험이다. 더불어 운동 과정에서 얻는 즐겁고 행복한 경험은 아이에게 여러 가지 긍정적인 심리 변화를 가져와 자신을 사랑하고 자신의 앞길을 주도적으로 구성하는 데에 많은 도움이 된다.

또한 운동은 몸의 구성을 최적화시킨다. 꾸준한 운동은 대사능력을 향상시켜 칼로리를 잘 소비하는 효율적인 몸을 만든다. 기초대사량은 아무 일도 하지 않고 있을 때 일어나는 몸의 대사량 수치를 말한다. 운동으로 탄탄한 몸을 만들면 다른 사람보다 대사능력이 뛰어나다. 기초대사 능력이 뛰어난 몸은 많이 먹는다고 해도 그만큼 많은 에너지를 소비하기 때문에 살이 찔 염려가 줄어든다.

요즘의 어린이들은 대개 근육량이 많이 부족하다. 근육이 부족하면 근육통을 유발하는 신체활동을 더욱 꺼린다. 신체활동을 기피하니 당연히 근육이 생기거나 강화될 기회도 그만큼 줄어든다. 근육이 부족하다는 것은 몸의 대사량이 떨어져 칼로리 소모가 그만큼 안 된다는 뜻이기도 하다. 요즘 어린이들이 살은 잘 찌는 반면 찐 살이 잘 빠지지 않는 것은 상당 부분 근육 부족에서 원인을 찾을 수 있다.

어린아이의 근육량을 키우는 것은 성장기 어린이에게 주어진 가장 중요한 과제 가운데 하나다. 근육량이 늘어야 뼈의 길이 성장이 가능하기 때문이다. 부족한 근육을 다시 늘리려면 꾸준한 노력이 필요하다. 이때 부모가 반드시 알아야 할 것이 있는데, 운동은 힘든 시점을 넘어야만 습관으로 정착될 수 있다는 사실이다. 근육 강화 운동에는 당연히 고통과 피로가 동반한다. 고통이나 피로감 없이 근육을 키우는 방법은 근육 강화제를 쓰는 방법밖에 없다. 따라서 아이의 근육량을 늘리는 일은 아이에게 다른 어떤 일보다도 어려울 수 있다.

그렇다면 근육을 키우면서도 아이에게 그리 큰 부담을 주지 않을 방법은 없을까? 앞에서도 언급한 일본의 이시이 교수가 고안한 슬로우 트레이닝, 즉 '천천히 숨 깊이 운동'으로 근육량을 늘릴 수 있다. 이는 어른과 아이 모두 일상생활 속에서 천천히 근육을 키우기에 적합한 운동이다. 천천히 숨 깊이 운동의 근육 강화 포인트는 짧고 격렬한 운동보다는 운동하는 동안 천천히 근육을 움직여 쉬지 않는 상태를 유지해주는 것이다.

11
Balanced Growth Solution

긍정의 자기 주문
'난 내가 좋아'

우리 아이들은 이전에 비해 말도 못 할 정도로 많은 스트레스를 받고 있다. 세상이 워낙 빠르게 변하기 때문에 무수히 많은 적응과제가 매일 생겨나는 셈이다.

스트레스를 받을 때 우리 아이들의 심리는 매우 복잡하고 다층적이다. 두려움, 산만함, 분노, 우울, 자괴감, 열등감, 짜증, 무기력함, 식탐 등 셀 수 없이 많은 이상심리들이 교차한다. 이런 이상심리는 곧잘 자존감 저하를 동반한다. 이상심리가 증세를 만들어 걱정과 불안을 일으킨다. 이런 걱정과 불안은 아이들의 생활능력을 떨어뜨려 자존감의 저하를 불러온다.

이렇게 낮아진 자존감은 아이들이 음식중독을 비롯한 유해물질 탐닉에 잘 빠지게 만든다. 낮은 자존감은 외부의 모든 자극과 일상생활의 관계들에서도 긴장감과 각성을 불러일으킨다. 인체는 일정 시점까지 이런 긴장

상태를 버틸 수 있는 힘을 갖고 있지만 한계에 도달하면 심신이 불유쾌한 과스트레스 상태에 도달한다. 과스트레스는 반대급부로 탈출구를 찾고, 그 보상으로 대뇌의 도파민 분비를 자극해줄 수 있는 술, 담배, 인스턴트 음식, 게임 등에 집착하게 만든다. 중독적 기제들은 의존과 내성으로 점점 더 해당 물질에 탐닉하게 만들어 건강하지 못한 상태를 확대 재생산한다. 비만 아동이 점점 더 비만해지고 게임중독 아동이 점점 더 게임에 빠지는 이유가 여기에 있다.

아이들을 초기에 인터뷰해보면 거의 모든 아동이 예외 없이 자신은 단점과 허점투성이라고 자책하는 경향이 있다. 이 경우 긍정치료로 아이의 자기 바라보기 패러다임을 바꾸는 데 주목해야 한다.

"너는 네가 보기와는 달리 의외로 장점이 많아"라고 말하면 대부분의 아이들은 이 말을 곧이곧대로 듣지 않는다. 그러나 시간이 지나면서 치료가 구조화되고 아이가 갖고 있는 핵심 신념이 바뀌면서 자신이 갖고 있는 장점, 그리고 가능성에 주목하기 시작한다. 이것이 긍정적인 말, 즉 주문의 힘이다. 성공적으로 긍정화된 자기 주문은 아이 내면의 자존감마저 바꿔준다.

특히 '나는 내가 좋아' 상태는 이성적인 판단을 넘어 자신감이 감정화되는 자기 사랑하기 상태다. '나는 내가 좋아' 상태에 도달한 아동들은 왕따나 소아비만 등의 병적인 상태로부터 탈출하는 것은 물론 학업성적이나 인간관계에서도 탁월한 결과를 나타낸다.

> **아이의 '나는 내가 좋아'를 위한 부모의 태도**

1. 아이의 실패와 실수를 인정하라.

2. 반복된 잔소리는 득보다 실이 많다. 잔소리는 엄마의 관점이 아니라 아이의 관점에서 재구성하라.
3. 아이의 단점을 다른 아이의 장점과 비교하지 마라.
4. 스킨십과 칭찬이 최고의 긍정 주문이다.
5. 자존감을 향상시킬 수 있는 조그만 목표를 정하고 성취 훈련을 하라. 대부분의 아이들에게 운동은 가장 강력하고도 직접적인 성취 훈련이다.

PART 6

Balanced Growth Solution

아이의 뇌가 크기 위해 필요한 것들

1
Balanced Growth Solution

뇌력,
내 아이 안의 힘

우리 아이들의 학습능력의 가장 중요한 에너지는 뇌력이며, 뇌력의 핵심은 자기주도성이다. 아이에게 자기주도성이나 자존감이 부족하면 어떤 좋은 프로그램이나 교육, 치료 수단도 무위로 돌아가고 만다. 나 역시 소아비만 및 성장 프로그램을 진행하면서 아이의 자기주도성이 중요하다는 것을 뼈저리게 느꼈다.

원래 정규 소아비만 및 성장 치료 프로그램에서도 반드시 심리치료가 뒤따른다. 부모가 아이의 전담 심리치료사가 되어 아이의 우울증이나 떨어진 자존감을 다각적으로 관리해야 하는 것도 이런 이유 때문이다.

아이 성장 훈련에서는 아이의 자기주도성과 자기통제력을 높이는 뇌력 강화 활동과 방안이 무엇보다 중요하다. 소아비만 아이들 대부분은 비만 관련 지식과 이해가 대단히 빈약하다. 비만이 얼마나 위험한 질병인지 모르는 것은 물론이고, 지금 먹고 있는 피자 한 조각의 칼로리를 소비하려면 몇 시간을 걷고 달리며 운동해야 하는지에 대한 개념도 없다.

피자 한 조각은 대략 350kcal라 하는데, 이를 소비하려면 숨차게 2시간 정도 걸어야 한다. 피자 한 조각을 먹을 때마다 그 칼로리를 소비하려고 2시간을 꼬박 걷는 훈련을 해왔던 아이라면 피자에 손을 대기 전에 그 훈련 과정을 상기할 테고 쉽게 피자에 손을 대지 않을 것이다.

물론 이런 일이 매우 비인도적인 행위라고 생각하는 부모도 있을 수 있다. 하지만 먹을거리가 지천으로 널려 있는 현대 사회에서 부모의 통제와 결단력이 없다면 결코 아이를 위험한 소아비만의 덫에서 보호할 수 없다. 예쁘고 사랑스러워서 한두 번 사준 빈껍데기 음식이 아이의 건강과 생명을 해칠 수 있다는 사실을 직시해야 한다.

소아비만 아이들의 지적 능력은 또래에 비해 매우 떨어진다. 음식중독 역시 뇌를 망치기 때문이다. 뇌로 가야 할 소중한 영양소를 비만한 체형을 유지하는 데 소모해버리기 때문에 날이 갈수록 인지능력이나 자기통제력이 떨어질 수밖에 없다. 경우에 따라서는 주변 사람과의 대화가 힘들 만큼 성격적으로 문제를 일으키는 아이도 있다.

특히 심한 음식중독 상황에까지 이르면 자기통제력은 거의 바닥으로 떨어지고 만다. 이미 비만에 이른 아이와 이를 벗어나려는 부모 사이에는 음식과 관련된 숱한 갈등과 실랑이가 발생한다. 이런 갈등과 스트레스 상황은 오히려 아이의 음식에 대한 욕구를 더욱 부채질한다. 이런 일련의 과정이 확대 재생산되기 때문에 소아비만에 빠지면 헤어나기 어렵다.

아이의 뇌력을 떨어뜨리는 또 하나의 이유는 심리적인 위축감이다. 이것은 아이의 '맘력'과도 관계가 있다. 심리검사나 스트레스 검사를 해보면 또래 아이들에 비해 소아비만 아이의 자존감이 형편없이 낮아진 것을 쉽게 발견할 수 있다. 외모로 인한 위축감이나 소외감, 자기정체성에 대한 혼란, 그리고 이에 대한 주변의 부정적인 시선이 가중되면서 아이는 점점 자신은 부족하고 못난 사람이라는 자기 이미지를 구축한다.

따라서 소아비만 치료의 핵심은 낮아진 아이의 자존감을 끌어올리고 부정적인 정서를 긍정적으로 재환기하는 것에 맞춰야 한다. 그러려면 즉각적이고 풍부한 심리치료가 뒤따라야 한다.

이와 함께 부모는 일상생활에서 아이의 비만과 건강 관련 지식을 배우고 익혀야 한다. 부모가 솔선수범해서 소아비만과 건강을 배워야 한다. 그리고 배운 내용을 아이의 눈높이에 맞춰 아이에게 지속적으로 설명하고 이해시켜야 한다. 부모가 내 아이만을 위한 행동교정 치료사가 되는 것이다. 음식의 소중함, 바른 음식 섭취 방법, 건강의 중요성, 좋은 생활습관 등 아이가 알아야 할 비만과 건강 습관들을 학습하고, 이것을 아이에게 충분히 설명하고 설득해야 하며, 반복할 필요가 있다.

다양한 자극으로 아이의 대인관계 능력도 향상시켜야 한다. 소아비만으로 주변 사람들과 부정적인 관계가 지속되면 아이의 대인지능이나 대인관계 능력이 훼손된다. 대인지능은 이 시대가 요구하는 가장 중요한 능력이자 덕목이다. 대인관계 해결 능력이 부족하면 당장 사회 적응이 어려운 것은 물론이고, 장차 사회생활을 해나가는 데도 어려움을 겪을 수 있다.

또 적대적인 대인관계가 지속되면 아이 스스로 비만 해결을 위한 주변의 도움과 지원을 차단한다. 이 경우 아이는 점점 더 외골수가 되어버려 부모와 가족의 힘만으로는 다이어트가 불가능한 지경까지 이를 수 있다. 따라서 엄마 아빠는 아이가 주변 사람과의 관계를 긍정적으로 개선할 수 있도록 도와주고, 아이 스스로도 주변 사람들과 원만한 관계를 유지할 수 있도록 여러모로 지원해야 한다.

　이렇게 아이의 뇌력을 끌어올리는 다양한 실천으로 아이가 평생 건강을 스스로 관리하고 이끌어나갈 수 있는 근본적인 토대를 구성할 수 있다. 아이의 뇌력이 신장할수록 다이어트는 쉬워지며, 다른 영역의 활동과 성취도도 높아진다.

2
Balanced Growth Solution
뇌력의 가장 큰 힘은 사랑과 배려

아이가 자신을 사랑하면 아이의 인생에 불행이 들어올 가능성은 그만큼 줄어든다. 그런데 불행하게도 자기를 사랑하지 않는 아이들이 너무나 많다. 자신을 사랑하지 않는 아이들의 공통점은 다른 사람들이 자기를 사랑하지 않는다고 느끼거나 오해한다. 정작 문제를 들여다보면 이 아이들 대부분이 자라면서 사랑하는 법을 배우지 못했다. 사랑할 줄 모르는 아이들은 자신이 사랑받을 만한 존재라는 것 역시 깨닫지 못할 확률이 높다. 그래서 주위 사람들을 배려하고 다른 사람들에게서 존중받는 아이의 가장 중요한 조건은 자기에 대한 사랑이다.

아이가 자기를 사랑한다는 것은 믿음을 갖고 있음을 의미한다. 따라서 부모는 이런 생각을 아이가 갖도록 끊임없이 노력하고 대화해야 한다.

첫째, 나는 사랑받는 존재라는 사실을 확신하게 한다. 아이가 사랑받고 있다고 생각하는 것처럼 강력하고 유용한 자기암시는 없다.

둘째, 쓸모 있는 존재라고 느끼게 해야 한다. 우리 아이가 쓸모 있는 존재라는 것을 매시간 각인시켜주는 것이 좋다. 범죄자들 대부분은 자신의 가치를 느끼지 못하는 데서 분노나 공격성을 품고, 그것이 파괴적인 양상으로 드러난다. 우리 아이가 어떤 행위를 했을 때 그 행위가 사회에 좋은 영향을 미쳤다는 것을 이야기해주고 같이 공유하는 것이 필요하다.

셋째, 노력한 만큼 보상받는다는 것을 인식시켜야 한다. 의학 실험에서도 치료 효과를 얻으려면 얼마나 실험해야 하고 대상자를 확보해야 하는지 미리 계산한 후 연구를 시작한다. 이처럼 예측 가능한 결과가 있으면 사람들은 인생을 더 열심히 살 수 있다. 세상은 나를 부당하게 속이거나 대하지 않고 내가 노력하면 보상을 받을 것이라는 믿음은 그 사람의 인생에 대한 태도를 풍요롭고 긍정적으로 변화시킨다.

더불어 뚜렷한 목적의식과 윤리의식도 필요하다. 세상은 혼자 살아가는 것이 아니기에 다른 사람에게서 좋은 평가를 받지 못하거나 세상의 잣대와 다른 기준으로 살아가면 상처를 받기 쉽다. 게다가 일확천금의 한탕주의적 사고방식은 어릴 때부터 철저하게 통제해야 한다. 건전한 소망과 꿈을 가지고 살아가야 하며, 구체적인 인생설계와 직업 탐색도 겸비되어야 한다. 세상을 살아가는 데는 높은 꿈과 이상도 필요하며, 이에 따르는 책임과 의무, 노력도 반드시 동반되어야 함을 함께 일깨워나가야 한다.

우리나라는 매우 강력한 관계망으로 이루어진 사회다. 지나치게 관계에 끌려가는 것도 바람직하지 않지만, 타인에 대한 배려나 공감능력이 떨어지는 것 역시 성공한 사회인이 되는데 장애가 된다.

타인에 대한 배려는 자신에 대한 존중이다. 그러나 지금의 아이들은 타인의 감정을 배려하거나 타인의 입장을 세심히 살피지 못한다. 이러다 보면 다른 사람으로부터 존중받거나 긍정적인 호응을 끌어내기가 불가능하다. 그러다 보면 다른 사람들이 자기를 사랑하지 않기 때문에 자신을 사랑하지 않는 악순환이 반복된다.

타인에 대한 배려야말로 자신을 사랑하는 최고의 방법이다. 적응 스트레스를 앓고 있는 아이들 상당수가 관계 형성 장애를 앓고 있는 경우가 많았다. 최근 들어 사회관계에서 나타나는 아이들의 문제점은 스트레스 역치, 즉 스트레스를 일으키는 최소한의 심리적 자극 수준이 낮고 사회성이 미성숙하다는 것이다.

낮은 스트레스 역치는 타인의 행동이나 말에 대한 짜증이 낮은 수용도로 나타나기 쉽다. 더불어 형제 없이 혼자 살거나 이기적으로 생각하는 습관이 굳어진 아이들은 미성숙한 사회성으로 인해 스스로를 고립시키는 경우가 많다. 특히 스트레스 대응력이나 사회성이 부족한 아이의 경우 환경 변화나 새로운 요구에 대한 대응력이 급격히 떨어졌다. 이때는 스트레스 대응력을 높이고 교우관계 개선에 도움을 줄 수 있는 인성 발달 노력이 필요하다.

3
Balanced Growth Solution
아이의 능력은 내신 할 수 없다

아이들에게 물려줘야 할 최고의 자산은 좋은 대학이나 부모의 풍족한 유산이 아니다. 지금 우리 아이들에게 물려주어야 할 것은 건강한 몸이다. 엄밀히 말하면 건강한 몸을 만들고 유지할 수 있는 생활습관이다.

지금 우리 아이들의 몸은 난초화와 비대화라는 두 가지 딜레마에 놓여 있다. 외형은 커졌지만 내실은 빈껍데기처럼 허약하고, 공허한 온실 속의 화초 같은 아이들이 늘고 있다. 이 문제의 핵심은 아이들이 스스로 생각하고 실천하는 능력을 잃어버린 데서 기인한다. 그런 이유 중 하나가 자아 개념의 상실을 꼽을 수 있다. 따라서 아이가 자아정체감을 갖는 것은 스스로 개념을 배양하고 몸과 마음, 뇌를 성장시키는 데 핵심적인 과제다.

아이의 성장 발달 단계에 맞는 자아 개념을 갖춘 아이들은 매우 적극적이며 능동적이고 긍정적이다. 이런 자아 개념은 자기주도 학습에도 영향을 미친다. 자아 개념을 갖지 않은 아이는 공부가 자신에게 미치는 장기적인 순영향을 생각하려고 하지 않고 에너지도 부족하기 때문에 학습도 뒤쳐지기 쉽다.

나는 자아 개념의 긍정화와 습관화를 주장한다. 긍정적인 자아 개념이란 자신에 대한 올바르고 낙관적인 가치관을 의미하며, 그것이 규칙적으로 반복되었을 때 자신의 삶의 방향을 결정하는 도덕률로 자리 잡는다.

누가 시키지 않아도 스스로 일을 찾아서 하는 사람이 있다. 오히려 먼 거리인데도 지각 한 번 하지 않는 사람이 있는가 하면 반대로 회사 옆에 살면서도 늘 지각하는 사람도 있다. 이것은 생각과 행동의 습관에 따른다. 근면과 성실을 습관화하는 것은 매우 중요하다. 아시아 사람들이 열악한 환경조건에도 불구하고 세계 최고 수준의 경제발전을 이룬 데는 아침 일찍 나가서 일하고 맡은 일에 최선을 다하는 생활습관이 큰 역할을 했고, 이것이 자녀들에게 자연스럽게 물려졌기 때문이다.

우리 아이들은 태어날 때부터 스스로 할 수 있는 능력을 타고났다. 심리학자 에드워드 디시는 인간을 움직이는 가장 근본적인 동력은 자유에 대한 의지, 즉 자율성이라고 정의했다.

아이들 역시 자연의 조건에서는 무엇이든 스스로 하려는 마음가짐이 충만하다. 단 이것을 자율성으로 확장하고 성장시키려면 부모의 올바른 양육과 철학이 뒷받침되어야 한다. 아이가 스스로 수행하고 스스로 독립하게 하려면 두 가지가 필요하다. 하나는 '나는 할 수 있다'는 자기 효능감이며, 또 다른 하나는 일을 해나가는 데 있어 불필요한 에너지 낭비를 줄이고 일로써 자신을 발전시킬 수 있는 행위 과정의 확장성이다.

그런데 유독 우리 아이들이 약한 부분이 있다. 공부와 관련해서는 수없이 많은 규범과 가이드들이 쏟아지지만 자신의 몸을 가꾸고 건강을 관리하는 데는 제대로 된 가르침이 거의 없다.

나는 자기주도의 개념을 몸 가꾸기에도 확장해야 한다고 생각한다. 부모라면 반드시 자기주도적인 건강관리를 실천하는 아이일수록 자기 효능감도 매우 높다는 사실을 명심하길 바란다.

4
Balanced Growth Solution
공부의 가치를 알아야 웃는다

　　　　　　　　　　　공부의 가치를 알려면 아이 스스로 공부가 자신의 인생에 미치는 긍정적인 미래를 파악해야 한다. 그런데 아이러니하게도 아이들이 공부의 가치에 긍정적인 태도를 갖는 것을 의도하지 않게 막고 있는 부모들이 의외로 많다. 그 중심에는 부모의 조바심과 잔소리가 있다.

　실제로 대학이나 공부에 거부감이 없던 아이들도 잔소리가 가지는 부정적인 신체반응이 대학입시나 시험공부와 같이 스트레스가 심한 상황과 겹치면 거부감을 가진다. 아이의 능력을 100% 발휘시키고 싶다면 좋은 대학에 가려면 공부하라는 반복적인 잔소리를 멈춰야 한다. 이것이 힘들다면 '대학'이라는 단어를 빼면 된다.

　"선생님, 우리 아이는 가고 싶은 대학이 없어요. 그러니 공부 의욕이 없는 것 같아요."라고 말하는 엄마의 자녀를 만나보면 역시 미래의 꿈이나 공부에 대한 동기를 찾아볼 수가 없다. 우울증이 아닌데도 불구하고 "대학 가서 뭐해요?"라고 반문하는 아이들, 그리고 어느 대학, 어떤 과를 이야기해도 자신의 의견이 아니라 엄마의 주문을 대신해서 되뇌는 아이도 있다.

아이들은 왜 대학을 싫어할까? 세 가지로 정리하면 다음과 같다.

첫째, 대학이 현재의 자신을 옥죄는 모든 규제의 진원지라고 생각하기 때문이다. 아이들은 경제적인 이득에 입각한 경제학적 관점보다는 감정적인 조절에 익숙하기 때문에 '미래에 어떤 이득이 있기 때문에 이렇게 행동해'라는 이야기에 크게 감응하지 않는다. 이런 논리로 현재의 자신의 생활을 규제하면 오히려 미래의 어떤 이득에 대한 반발감만 키우고 만다.

둘째, 현재 대학의 역할이 제대로 규정되어 있지 않다. 가치판단적인 규범으로 보았을 때 지금의 대학이 우리 아이들에게 롤 모델로 기능할지가 명확하지 않다. 어느 누구도 "대학 가면 훌륭한 사람이 되나요?"라는 질문에 흔쾌히 대답하지 못한다. 좋은 대학에 가면 좋은 직장을 얻을 수 있고 더 좋은 집에 살 수 있다는 말밖에는 명쾌한 대답이 나오기가 어려운 것이 현재 우리 사회의 현실이다.

셋째, 아이 대학혐오증에는 부모의 강박관념이 한몫하고 있다. 대학을 왜 가야 하는지 질문에 성실하고 대의적인 의미에서의 대답을 해주지 못하면 아이는 대학에 대한 부모의 견해를 속물적이라고 생각한다. '남들 따라서', '돈 좀 더 벌려고'라는 생각이 대학과 연관되면 대학 진학에 대한 긍정적인 의미는 퇴색되고 부정적인 의미만 그 자리를 채운다.

갈수록 스스로 공부하지 않고 부모의 기대에 맞추려고 마지못해 수동적으로 공부하는 아이들, 공부하는 즐거움과 문제 푸는 보람을 느끼지 못하는 아이들이 늘고 있다. 이런 이유로 앞에서도 강조한 부모의 잔소리가 큰 비중을 차지한다.

　잔소리와 훈육의 차이가 무엇이냐고 묻는 학부모들이 많다. 잔소리는 상대방의 수용 의지와 정서 상태를 고려하지 않고 일관되고 반복적으로 본인의 이야기를 늘어놓는 것이다. 훈육은 올바른 이야기를 상대방의 관점에서 받아들일 수 있게 강약을 조절하는 것이다. 정치에만 밀고 당기기가 있는 것이 아니다. 아이 훈육이야말로 최고의 '밀당'을 발휘할 영역이다.

　학습에서 가장 중요한 것은 자신만의 공부시간을 갖는 것이다. 자신만의 공부시간을 갖는다는 것은 몰입의 능력을 극대화시키고 배운 것을 자기 것으로 만드는 자기화의 과정을 의미한다.

　독일의 심리학자 헤르만 에빙하우스는 사람들은 새롭게 배운 내용을 1시간 안에 50% 이상 까먹으므로 4, 5번의 반복학습을 규칙적으로 수행해 단기기억을 장기기억으로 바꿀 것을 주장했다. 따라서 우리의 학습 능력을 극대화시키려면 매일, 매주 새로운 내용을 배우고 끊임없이 복습하고, 이 내용을 다각적으로 이해하고 분석해야 한다.

　더불어 중요한 것은 과정 중심의 공부법이다. 나 같은 경우도 모르는 수학 문제가 있으면 때로는 1시간 이상을 투자해 끊임없이 문제를 분석하고 파악했다. 옆에서 같이 공부하는 친구들이 "무슨 문제를 1시간 동안이나 풀고 있냐? 답지를 보고 이해하면 되지"라고 말했지만, 문제를 풀어가면서 논리를 계발하고 식을 세우며 결과를 유추하는 과정이 내게는 큰 즐거움이었다.

　진정으로 공부능력이 뛰어난 아이들은 공부의 과정과 결과에 대한 철학이 뚜렷하다. 공부를 할 때 답을 맞히거나 점수를 몇 점 더 받는 것에 집착하지 않는다. 모르는 문제를 넘기지 않고 끝까지 파고드는 집요함이 강하

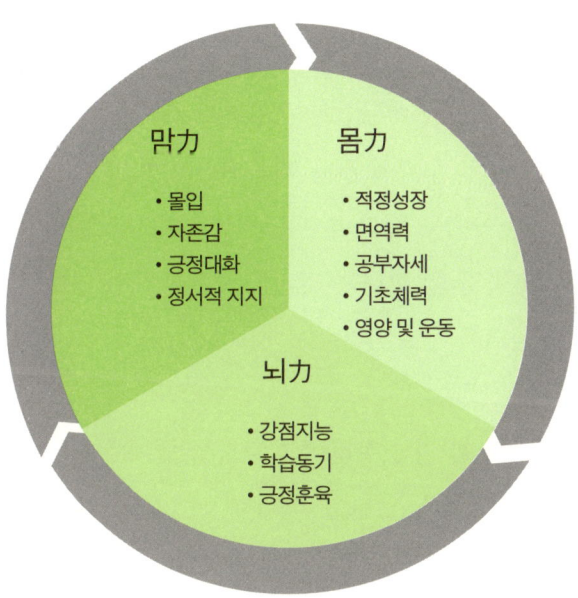

다. 모든 문제에 의미를 부여하며, 그 문제가 주는 의미, 문제를 풀 때의 원리 이해에 더 집중하는 모습을 보인다.

아이들에게 공부 잘 하라고 말하는 것만큼 허망한 것이 없다. 오히려 그 말을 하지 않는 것만 못하다. 아이에게 스트레스와 짜증이라는 불순물만 머리에 얹어주는 셈이기 때문이다.

아이의 학업 성적을 올리려면 아이의 뇌력을 높여주는 것이 필요하다. 그런데 뇌력은 홀로 존재하지 않는다. 바로 우리 아이들이 갖고 있는 몸맘뇌 상호작용에 있다. 즉 마음이 편안하고 몸이 건강할수록 아이의 뇌 기능은 양호해진다. 몸, 마음, 뇌는 서로 상호작용을 하고 있기 때문에 한쪽이 나빠지면 다른 부분도 쉽게 약해진다. 그러나 나머지 두 부분을 잘 구축해놓으면 비록 한 부분이 고장 나더라도 위기 상황에 대응하는 능력이 좋아진다.

예를 들면 비만이거나 결식을 밥 먹듯이 하는 아이는 뇌로 가야 할 영양소가 뱃살로 가거나 아예 대뇌혈관 근처에도 가지 못하기 때문에 학업 성적이 늘 불만족스러울 수밖에 없다. 더불어 엄마 아빠 사이에 불화가 있거나 우울증이 심한 아이는 학습 호르몬인 세로토닌의 분비가 억제된다. 마음이 평안해야 공부를 잘 한다는 것은 집중력에 대한 영향뿐만 아니라 신체 생리학적인 근거를 갖고 있다.

치료를 하다 보면 몸 지능 부분이 발달되어 있는데 엄마의 공부 욕심으로 과도한 학업 스케줄과 스트레스 때문에 몸 지능이 억압된 아이들을 종종 본다. 이런 경우 몸 지능을 발전시킬 수 있는 활동을 장려하면 뇌 지능 역시 발전한다. 스트레스와 싸우느라 소모되던 에너지가 올곧게 뇌의 대사활동과 몸의 성장으로 방향을 잡기 때문이다.

아이가 하기 어려운, 약한 부분에 집착하지 말고, 아이가 선호하고 잘 할 수 있는 부분을 찾아주는 부모의 지혜와 인내가 아이를 행복한 아이로 바꾸어갈 수 있다는 사실을 명심하자.

5
Balanced Growth Solution
아이의 행복을 두 배로 키우는 자존감

　　　　　　　　　　나는 항상 아이들의 자존감이 중요하다고 주장한다. 아이들이 무인도에 떨어졌을 때 딱 한 가지 주어야 할 것이 있다면 스스로를 자랑스럽고 멋지다고 생각할 수 있는 힘, 바로 '자존감'이라고 생각한다.

　자존감과 더불어 아이의 낙관성이야말로 아이의 행복을 결정하는 중요한 요소다. 낙관성이란 미래에 대한 긍정적인 태도다. 우리나라 아이들이 자존감과 낙관성을 낮게 가질 수밖에 없는 이유는 다양하겠지만, 그중에서도 하나를 꼽으라면 공부에 대한 과도한 압박과 그것을 밀어붙이는 부모들의 지나친 기대다.

　가령 수학 성적이 떨어졌을 때 그것을 잘해야 한다고 아이를 지속적으로 고무한다. 그렇지만 수학 성적 올리기가 그렇게 쉬운 일이 아니다. 아이는 자신감이 떨어지고 자신의 능력을 회의하기 시작한다. 그리고 '다음에 또 시험을 망치면 어떡하지'라는 비관적인 생각마저 든다.

이럴 때는 수학 성적이 인생을 결정하는 중요한 요소가 아니며 잘하지 못한다고 해서 네 인생이 무너지는 것은 아니라고 안심을 시켜주어야 한다. 동시에 아이의 숨은 적성을 찾아내어 아이가 더 잘할 수 있도록 지지와 격려를 해주는 작업이 필요하다.

자존감이 굳건하고 낙관성이 높다는 것은 나 자신이 할 수 있다는 생각과 미래에 대한 긍정적인 시각이 있다는 것을 가리킨다. 이런 아이들은 현재의 시련이나 어려움으로 지나치게 낙담하지 않는다. 어떤 시련이 와도 이겨내고 본래의 심리적 평안함을 찾을 수 있는 능력을 심리학적인 용어로 '회복탄력성'이라고 한다.

회복탄력성은 인생에서 큰 스트레스를 주는 여러 가지 일, 승진 탈락, 시험 실패, 이혼 등의 사건을 겪었을 때 자기를 망치지 않고 긍정적인 상태를 유지하게 하는 데 큰 힘이 된다. 더불어 회복탄력성이 우리 아이들의 면역력, 건강에 미치는 긍정적인 영향은 두말할 것이 없다.

그렇다면 높은 자존감과 긍정적인 낙관성은 어디에서 오는 걸까? 내가 관찰한 바에 의하면 자존감과 낙관성을 균형 있게 갖춘 아이들은 주어진 현실에 대한 균형 잡힌 시각, 상황을 유연하고 다각적으로 바라보는 태도, 그리고 합리적이고 현실적인 판단능력이 우수했다. 뿐만 아니라 주위의 가족이나 친구 등의 인간자원을 잘 활용하며, 신체적으로 매우 건강해 신체능력이 뛰어났다. 여기저기가 아픈 아이가 본인에 대한 자신감과 미래에 대한 낙관성을 견지하기는 거의 불가능하다.

지금까지의 낙관성 연구를 보면 사람의 낙관성은 선천적으로 타고난 기질의 문제라기보다는 후천적인 생활환경, 교육 경험이 더 큰 영향을 주는 것으로 나타난다.

　이때 아이의 자존감을 높여줄 수 있는 가장 좋은 교사는 바로 부모다. 부모는 아이에게 자기와 가장 오래한 사람, 그리고 자신을 가장 잘 아는 사람이라는 매우 핵심적인 의미를 기지고 있다. 따라서 이 두 가지의 아주 강력한 강점을 가진 부모가 아이의 자존감을 올려줄 수 있는 다양한 언사와 행동을 보여주면 아이는 자동적으로 용기백배할 수밖에 없다.

6

Balanced Growth Solution

내 아이의
자기주장 능력은?

부모들은 아이를 자신감 있는 아이로 키우고 싶어 한다. 그러나 그것은 생각처럼 쉽지 않다. 아이들 역시 부모들이 겪는 사회적 관계의 고충을 그대로 겪고 있기 때문이다. 오히려 난초화되고 IT 기기에 사로잡힌 아이들의 대인관계 능력은 갈수록 퇴보하고 있다. 특히 우리나라의 눈치문화는 여지없이 아이들까지도 병들게 한다. 눈치문화가 부모님 세대에서는 화병을 만들었다고 하면 아이들에게서는 왕따를 만들었다. 자신의 이야기와 감정을 전달하지 못하는 스스로 왕따 말이다.

물론 속에 있는 말을 가감 없이 다해 미움을 받는 아이가 있는가 하면 속에 있는 말을 다른 아이들의 눈치를 보고 배려하느라 말하지 못해 오해를 초래하는 아이도 적지 않다. 공교롭게도 둘 다 다른 사람들에게 불편한 시선을 받지만 털어놓는 아이는 마음이 편한 반면, 숨기는 아이는 마음의 병이 생긴다. 할 말을 하지 못하고 쌓아두어 생기는 병, 그것을 일명 화병이라고도 한다. 이 화병이 아이들에게서 나타나면 관계 두려움으로 나타나고, 관계 두려움은 관계 능력 장애로 발전한다. 관계 능력 장애를 극복할 물리적인 힘이나 지원해줄 사회적인 관계망이 없는 아이들이 무방비로 다른 아이들의 공격과 따돌림에 노출되는 것이 바로 왕따다.

우리 사회는 극심한 관계사회라 다른 사람에게 자기 할 말을 하지 못하는 사람들이 생각보다 많다. 눈치보고 염치 생각하며 체면을 차리느라 더 그렇고, 우리가 남이야 하는 동료의식도 한몫하며, 남을 배려하다 보니 자신만 병이 드는 꼴이다. 이런 관계 중심 문화는 아이들에게도 자연스럽게 전해진다. 인간관계의 긍정적인 측면을 강화하고 본인의 정신건강을 위하며, 일이 되게 만들려면 자신의 생각을 제대로 전달하는 기술이 필요하다. 이런 훈련이 덜 된 아이들에게 필요한 것이 자기주장 훈련이다.

자기주장의 기본 바탕은 떳떳함이다. 나는 존중받고 있으며 그럴 만한 자격이 있다고 생각하는 것이다. 자기존중감은 바로 타인의 입장을 배려하고 타인의 말을 경청하는 타인 존중 능력에서 나온다. 자기주장을 떳떳하게 하려면 상대방을 존중하고 배려하는 마음을 가져야 한다. 상대방에 대한 배려 없이 자신의 의견만 주장하다 보면 주위에 친구가 없는 왕따가 되거나 일방적으로 친구들을 리드하는 독재자가 된다.

아이들은 대체로 자신의 이야기를 경청해주는 친구의 이야기를 잘 들어준다. 우선 친구의 이야기를 주의 깊게 듣기와 다른 사람의 관점에서 생각해보기 두 가지만 훈련을 시켜도 된다. 주의 깊게 듣기는 눈을 마주치고 고개를 끄덕이며 끝까지 들어준다. 친구의 관점에서 생각하기는 내가 만약 저 아이의 입장이라면 어떨까 생각해보는 것이다. 저 아이가 나의 입장이라고 바꾸어 생각하는 것도 도움이 된다. 어떻게든 친구를 생각하는 마음의 폭이 넓어진다.

자기주장 능력을 키우기 위한 훈련 방법이 있다. 먼저 '나는'이라는 단어를 사용하고, '너의 느낌이 이랬을 수 있을 것 같다'며 상대방에 대한 동조를 나타낸다. "내가 보기엔 네가 기분 나빴을 수도 있을 것 같아" 하며, 구체적으로 진행하는 것이 바람직하다. "너는 나쁜 아이가 아니라 너의 이러이런 행동에 나는 기분이 좋지 않았어"라고 말하는 것이다. 일반화되어버리면 더 이상 협상하거나 조율할 수 있는 공간이 사라진다.

가장 중요한 것은 자신의 경험으로부터 이야기하는 것이다. '너는 이래야 돼'가 아니라 '나는 이러했다'라고 말해야 한다. 더불어 상대방을 배려하고 있다는 것을 눈빛과 몸짓으로 표현해야 한다.

무엇보다 핵심적인 것은 일단 저지르기다. 머뭇거리다 보면 소통하고 조정할 시간이 사라져가고 점점 자신감이 없어진다. 일단 자신의 의견을 이야기해보자. 그것이 서로의 관계를 행복하게 만드는 최고의 시작이다.

7
Balanced Growth Solution

스크린 타임 통제력을 키워라

　　　　　　　　　　스크린 타임은 비만을 만드는 생활습관의 대표적인 지표다. 대한소아과학회의 조사에 따르면 12~17세 청소년의 경우 TV시청이 1시간 추가될 때마다 비만 발생률이 2% 증가하고, 하루에 컴퓨터를 2시간 이상 하면 과체중 위험이 9.52배나 높아지는 것으로 나타났다.

　이것은 스크린 타임이 아동의 활동량을 줄이기도 하지만 지나친 스크린 중독은 아이의 대뇌 속에 잠재된 중독본능을 강화시켜 식탐 조절에도 악영향을 미친다는 사실에서 기인한다. 즉 스크린에 중독되면 될수록 자극적인 음식에도 쉽게 매료된다. 다시 말하면 스크린 중독은 다른 중독 요인들마저 연쇄적으로 세뇌한다. 즉 TV를 많이 볼수록 인터넷 사용시간이 길어지고 스마트폰에도 빠져들며, 도박이나 게임, 비행 등의 또 다른 일탈행위를 저지를 가능성이 높아진다.

스크린 타임은 아동의 학습, 성장, 올바른 정서 발달 모두에 치명적인 악영향을 미치므로 반드시 통제해야 한다. 자녀의 앞날을 진심으로 걱정하는 부모라면 아이의 스크린 타임을 반드시 대폭 줄이고 철저하게 관리 감독해야 한다.

그러면 스크린 타임 통제력을 키우기 위해 무엇부터 해야 할까?

첫째, 스크린 타임 총량제를 실시하라. 물론 스크린 타임 총량제는 아이가 지나친 반발심을 가지지 않도록 서로 협의해서 진행해야 한다. 아이에게 지나친 스크린 타임은 몸과 마음을 병들게 하고 성장동력을 앗아간다는 사실을 정확하게 이야기해야 한다. 이후 부모가 감독하는 가운데 게임이나 인터넷을 즐기도록 하고, 될 수 있으면 그 시간이 일주일에 7시간을 초과하지 않도록 한다.

둘째, TV나 컴퓨터, 휴대폰을 너무 빨리 업데이트시켜주지 않는다. 아이의 컴퓨터 사양을 가장 기본적이고 낮은 것으로 유지하자. 속도가 느리고 잘 구동되지 않는 게임을 하다 보면 컴퓨터에 대한 흥미는 반감될 것이다.

셋째, TV를 보거나 컴퓨터를 할 권리를 너무 쉽게 인정하지 말아야 한다. 모든 일에 대가가 필요하다는 사실을 알려주어야 한다. 컴퓨터를 즐기는 만큼 불이익을 주거나 집안일을 돕는 등의 노력을 하도록 해야 한다. 특히 인터넷 사용시간을 줄이는 것에 충분한 보상을 실시하면 아이들의 태도나 집착이 변화할 수 있다.

넷째, 스크린 타임을 대체할 수 있는 가족 간의 대화나 공동 취미생활을 만들어야 한다. 아이들의 의견을 들어보면 별다른 흥밋거리가 없어서 컴퓨터에 의존하는 경우도 많다. 가족의 공동 관심사나 취미, 여가생활이 생기면 컴퓨터에 대한 욕구가 현저히 줄어들 수 있다.

　TV 및 인터넷 중독 치료의 가장 중요한 원칙도 건전한 신체활동이나 취미생활로 인터넷을 접하는 시간을 줄여나가는 것이다. 아이들의 스크린 중독은 대부분 유아기에 아이 달래기를 TV에 의탁한 안일한 인식이나 부모 본인들의 TV 시청 습관이 큰 영향을 미쳤다. 지금도 TV에 앉아 아이를 방으로 내쫓는 부모부터 반성해야 할 일이다.

8
Balanced Growth Solution

과정을 중시해야 결과가 행복하다

　　　　　　　　　　모든 결과는 과정의 축적인데 이것이 왕왕 무시된다. 좀 지나치게 이야기하면 우리 사회는 과정은 무시한 채 결과에만 목을 맨다. 그런데 이런 결과 중시 주의는 아이들의 불행한 성장과 직결될 가능성이 높다. 반면에 과정을 중시하는 태도는 아이의 자존감을 높이고 아이의 삶을 행복으로 이끌 가능성이 높다.

　행복한 사람들의 특징을 자세히 살펴보면 나이가 들 때까지 끝까지 성장하려고 노력한다는 공통점이 있다. 결과에 연연하기보다는 끊임없이 본인이 하고 있는 일들의 과정을 중요시하는 마음가짐을 갖고 있다. 결과는 100% 본인이 통제할 수 없지만 과정은 본인의 의지에 따라 결정되므로 과정을 중시하는 것이야말로 자존감을 높이고 행동규율을 훌륭하게 이끌 수 있는 태도다. 결과에 연연하는 아이들은 대부분 조급하거나 끈기 있게 자기 일을 해내지 못한다.

성공적인 자아정체성을 가진 아이들은 생활 경험이 많다. 생활 경험이 많아지려면 새로운 도전에 망설이거나 두려워하지 않아야 한다. 그래서 과정 중시 경험이 중요하다. 도전한다는 시도 자체를 중요하게 여겨야한다.

과정 중시 개념은 아이에게 실패에 대한 두려움을 감소시켜준다. 실패에 대한 두려움이 지나치면 아이는 새로운 도전을 할 생각을 아예 접어버린다. 어떤 일이든지 잘하는 사람은 실행력이 높은 사람이다. 도전과 실패, 시도와 착오의 과정을 겪지 않고서는 그 분야의 전문가가 되거나 높은 수준의 업무능력을 키울 수 없다. 실행력이 높은 사람이란 실행에 대한 지식과 기술수준이 높은 사람이 아니라, 회복탄력성이 뛰어나고 끈기가 있는 사람이다. 그리고 일상에의 단조로움을 극복하고 이것을 끝까지 밀어붙일 수 있는 인내력이 뛰어난 사람이다.

공부한 양에 비해 성적에 지나치게 연연하는 아이들을 보면 대부분 자기비하가 심하고 불평불만이 쌓이면서 학업성적이 떨어진다. 이것이야말로 결과 위주의 평가를 아이들에게 주입하는 어른과 사회의 잘못이다. 그래서 나는 아이들에게 항상 말한다. "실수해도 괜찮아"라고.

업무나 학업을 수행하면서 생긴 실패를 실패라고 규정짓는 것보다는 실수라고 가볍게 어깨 털고 가는 자세도 매우 중요하다.

9
Balanced Growth Solution
공부에도 균형이 필요하다

 공부는 마라톤과 같다. 심장만 튼튼해서는 속도를 내야할 때 속도를 낼 수 없고, 다리만 튼튼해서는 끝까지 완주할 수 없다. 심폐지구력, 근지구력, 민첩성, 근력 등의 신체 각 능력이 골고루 균형을 맞추어야 제대로 된 마라토너가 될 수 있다. 공부 역시 마찬가지다.

준비 안 된 아이에게 공부의 무거운 짐을 마구잡이로 지웠다가는 십중팔구 중간에 탈이 나기 마련이다.

나는 공부의 삼각편대로 공부 동기력, 공부 몰입력, 공부 지속력을 든다. 이것을 '공부력 삼형제'라 부르는데 무엇보다 중요한 주자는 공부 동기력이다. 공부 몰입력과 지속력은 공부의 효과를 극대화하기 위한 기술론적인 방법이며, 공부 동기력은 '왜 나는 공부하는가'에 대한 진지한 철학적 답변이다.

공부 동기가 형성되지 않은 아이를 섣부르게 책상 앞에 앉혀놓고 속박했다가는 언제 솟아날지도 모르는 공부 동기의 새싹을 처음부터 밟아버리는 어리석음을 저지르게 된다. 스스로 공부하는 아이의 특성은 다음과 같다.

① 공부하는 습관을 스스로 체득한 아이

공부하는 습관을 스스로 체득한다. 공부하는 습관을 스스로 체득한 아이는 어릴 때부터 공부습관이 잡힌 아이로 부모의 세련된 공부습관 길들이기가 성공한 예로 볼 수 있다. 부모의 독서하는 모습을 보면서 자연스럽게 독서하는 습관을 들였다거나 공부에 대한 당근과 채찍이 잘 형성되고 공부하는 지속력이 성공적으로 안착된 예다. 공부 낙관성이나 공부의 즐거움 등이 뒷받침되지 않으면 시련이 닥쳤을 때 어려움을 겪을 수도 있다.

② 공부가 즐거운 아이

공부가 즐겁다. 학습 전후에 유쾌한 상황을 이끌어내면 학습에 대한 긍정적인 태도나 학습능력이 높아진다는 사실을 미시간대학교의 바바라 프레드릭슨 교수가 발표한 바 있다. 공부의 재미를 알려면 즐겁게 공부한 기억이 강하게 아이를 지배해야 한다.

즐겁게 공부한 기억이란 공부와 그에 따르는 긍정적인 보상이 어우러질 때 더 큰 힘을 발휘한다. '공부→보상→공부'의 선순환으로 '공부하는 것이 즐겁다', '머리를 쓰는 것이 행복하다'고 생각하는 것이다. 그러려면 공부하면서 조그만 성취를 얻어나가는 차근차근 전략이 필요하다. 또한 공부의 즐거움을 아이에게 심어주려면 부모와 교육자의 유기적인 협조와 집중이 잘 될 수 있는 공부 공간도 필요하다.

③ 공부 낙관성이 큰 아이

공부를 낙관적으로 본다. 하지만 반대로 공부 비관성은 '나는 공부를 해도 잘 안 될 거야', '나는 공부하고 맞지 않아' 등의 부정적인 신념들로 학습된 무기력증으로 보면 된다. 공부 낙관성이란 '나는 공부를 잘 할 수 있어', '나와 공부는 맞아' 등의 긍정적인 신념들이다. 공부 낙관성을 가지려면 삶 전체에 대한 전반적인 낙관성을 높이는 방법과 올바른 학습 자아 인식을 가지는 것이 필요하다. 한 번의 실수를 일반화하지 않도록 하는 프레임 훈련이 필요하며, 조그만 성취에도 본인을 칭찬할 수 있는 긍정적인 기억 확대 훈련도 필요하다.

정서가 불안하고 우울한 아동이 공부 낙관성을 가진다는 것은 낙타가 바늘구멍에 들어가는 것처럼 힘들다. 더불어 올바른 학습 자아 인식이란 자신의 공부 상태를 정확히 파악하고 단계적으로 발전해나가려는 노력이다. 올바른 학습 자아 인식을 정착하려면 아동에게 가장 큰 영향을 미치는 학부모가 허황되거나 아동의 능력을 초과하는 과도한 기준을 버리고 현실적인 기준으로 아동과 잘 조율해나가는 것이 필요하다.

④ 자존감이 큰 아이

자존감이 강하다. 자존감이 큰 아이는 공부 낙관성 및 공부 동기의 밑바탕을 정확히 알고 있다. 자존감이 큰 아이는 자신이 왜 공부해야 하는지를 알며, 난관이 닥쳐왔을 때도 긍정의 힘으로 슬기롭게 이를 이겨낸다.

자존감이 높으면 쓸데없는 비교로 자신의 에너지를 낭비하지 않으며 중독적인 행위로 자신의 시간을 소모하지 않는다. 무엇보다 자존감이 높은 아이는 목표를 높게 가지며 궁극적으로 한걸음씩 이뤄나간다.

스스로 공부하는 아이들의 특징을 보면 앞에서 말한 '공부력 삼형제'가 골고루 균형을 이루고 있음을 알 수 있다. 아이들의 공부 능력 향상에 도움을 주는 공부력 삼형제에 대해 알아보면 다음과 같다.

첫째, 공부 동기력이 정립되어야 한다. 공부 동기력은 왜 내가 공부해야 하는가에 대한 근본 질문부터 해결되어야 한다. 그리고 나서 나는 공부를 잘 할 수 있다는 자신감에 공부를 한 만큼 결과가 좋을 것이라는 낙관성이 결합되어야 한다. 학업은 마냥 재미있지도 않고 마냥 편안한 탄탄대로만 있는 것도 아니다. 가다 보면 가시밭길이 더 많다. 난관이 있거나 공부에 대한 흥미가 떨어졌을 때, 이를 극복할 수 있는 자기 조절 능력이나 회복탄력성의 바탕에 공부 동기력이 있다.

공부 동기력은 아이의 심리적인 상태와 밀접한 관련이 있다. 심리적인 안정감이 자존감과 결합되었을 때 아이는 강력한 공부 동기력을 가질 수 있다. 나는 이를 위해 과정 중심의 사고와 성장 확신 사고를 강조한다. 특히 성장 확신 사고란 '노력함으로써 나는 점점 더 발전하고 있다. 그리고 노력하면 반드시 좋은 성과를 낼 수 있을 것'이라는 믿음이다.

성장 확신 사고는 안정된 심리상태, 성공에 대한 보상 경험, 그리고 자기 자신을 사랑하는 자존감의 결합물이다. 성장 확신 사고는 아이의 꿈에서 온다. 아이가 되고 싶은 꿈이 있고 미래에 대한 확신과 전망이 굳건할 때 아이는 도전하고 노력한다. 그리고 이 내재 동기를 만드는 가장 중요한 원리는 몰입이다. 몰입은 특정 시간 동안 온전히 자신의 몸과 마음을 어떤 일에 쏟아 붓는 헌신의 과정을 가리킨다. 몰입의 경험이 있는 아이와 그렇지 않은 아이의 학업 수행 능력, 나아가서는 인생 설계 수준은 확연히 다를 수밖에 없다.

둘째, 공부 몰입력이 연습되어야 한다. 어려운 수학 문제를 시간을 투자해 자기 힘으로 풀었을 때 엄청난 희열을 느낀 경험이 한두 번 있을 것이다. 이런 경험 자체가 몰입이고 이런 경험으로 몰입은 반복 재생산된다. 그런데 가만히 보면 이런 몰입을 가능하게 하는 것이 익숙해지는 것이다. 아무것도 모르고 아무것도 가지지 않은 상태에서는 몰입의 경지까지 이르기가 거의 불가능하다. 1만 시간의 법칙처럼 부단한 노력과 시간을 투자해 일정 수준 이상의 이해와 분석에 도달했을 때 몰입은 번개처럼 다가온다. 즉 질적인 성장을 이루려면 양적으로 끊임없이 앞서가야 한다. 따라서 아이가 공부할 때 진공과 같은 공간에서 공부에만 빠져들 수 있도록 환경을 조성해주는 것이 무엇보다 필요하다.

셋째, 공부 지속력이다. 공부의 가장 중요한 특징은 꾸준함과 규칙성이다. 운동을 매일 하면 하지 않았을 때 오히려 우울해지고 불안해지듯이 공부하는 재미를 매일 느낀 아이를 당할 재간은 없다. 매일 스스로 일정한 시간을 들여 공부하는 재미를 쌓는 자기 경험이야말로 공부능력의 줄기다. 이런 경험은 부모가 아무리 설득력이 뛰어난 사람이라고 해도 타율적인 방식으로 심어줄 수 있는 것이 아니다. 어릴 때부터 꾸준하게 습관을 들여야 가능한 일이다.

10
Balanced Growth Solution

아이가 빠지지 말아야 할 늪, 왕따

　　　　　　　　　　　　우리나라 사람들의 가장 큰 스트레스 중 하나이며, 아이들이 올바르게 크는 데 중요한 영향을 미치는 것이 바로 인간관계다. 특히 관계 사회인 우리나라에서는 관계로부터 오는 스트레스는 피할 수도 외면할 수도 없다. 아이들의 인간관계는 대체로 부모를 비롯한 가족관계, 친구관계, 선생님과의 관계 등으로 이루어진다.

　특히 늘어나고 있는 왕따는 우리 아이들의 인간관계에서 반드시 예방하고 척결해야 할 우선순위이다. 왕따는 아이의 몸과 마음과 뇌를 병들게 하는 동시에 아이의 정상적인 성장을 가로막고 최악의 선택을 할 수도 있게 한다는 점에서 매우 심각한 문제이다. 청소년기에 왕따가 치명적인 이유는 아이가 가정이라는 울타리를 벗어나 다른 사람들과 어울려 생활하는 초창기인 이때 아이들의 가장 중요한 욕구가 또래 친구들로부터의 인정이

한국인의 독특한 관계 스트레스

	한국인	서양인
사상	관계 중심, 정서적	개인 중심, 이성적
영향	염치, 눈치, 체면, 왕따, 외톨이	무시, 나 홀로 길
결과	엄친아, 일류대학	서로 다름에 대한 인정
정신증세	불안, 화병, 한	우울 및 적대감
대응	술, 담배, 폭식 등 자기 파괴적	성폭력, 가정폭력, 범죄 등 폭력적

기 때문이다. 따라서 또래 친구들로부터 인정받지 못하는 아이는 자신의 가치를 부정하고, 자존감이 낮은 아이, 우울한 아이, 나아가서는 반항적인 아이로 자란다.

왕따 문제를 해결하는 데 빠뜨려서는 안 되는 가장 중요한 덕목은 부모의 인지다. 일단 부모가 왕따임을 몰라서는 안 된다. 부모가 아이의 왕따를 모르는 대부분의 경우는 '우리 아이가 그럴 리가 없어'라는 부모의 믿고 싶어 하는 대로 믿는 신념 왜곡과 더불어 아이와의 소통 부족에서 비롯된다. 어떤 아이라도 처음부터 완벽한 관계능력을 갖출 수는 없다.

부모는 지속적으로 아이의 관계능력을 체크해야 하는데, 아이가 집에 데리고 오는 친구들이 있는지 학교에서 친한 친구를 이야기하는지 관찰해야 한다. 그리고 가장 기본적으로는 시간이 날 때마다 친구 이야기를 물어본다. 누가 마음에 들고, 누가 마음에 들지 않는지, 마음에 들지 않는다면 왜 그런지를 물어보아야 한다. 단도직입적인 질문이 부담스러울 수도 있지만 습관이 되면 아이가 자연스럽게 자신의 고민을 부모에게 털어놓을 것이다.

아이의 친구관계에 문제가 있다는 것을 알고는 있지만 이를 해결하지 못하는 경우가 많다. 이런 경우는 부모가 해결할 수도 있지만 전문가의 도움이 필요할 수도 있다. 부모의 감정이입이 아이에게 부담을 줄 수도 있기 때문이다. 아이에게 가장 중요한 메시지는 너를 괴롭히는 친구가 있다고 해서 네가 못나거나 문제가 있는 것이 아니며, 지금의 너는 여전히 자랑스럽고 장점이 많은 우리 아이라는 것을 확실하게 일러주어야 한다.

사회에 나가면 아무리 훌륭한 사람이라도 적이 있듯이, 너를 괴롭히는 사람은 항상 있게 마련이라고 말이다. 오히려 너를 괴롭히는 사람이 없다면 그만큼 너의 존재감이 약하다고 말해야 한다.

그리고 지금 너를 괴롭히는 아이들이 밉고 피해 다니기 쉽지만 시간이 지나고 나면 아무것도 아니라고 조언해야 한다. '나도 그런 적이 있었는데 시간이 지나고 나니 아무렇지 않더라' 이야기하면 아이의 걱정과 불안은 많이 줄어든다. 그리고 '너를 괴롭히는 친구들과 당당히 맞서라' 말해주어야 한다. 그러려면 우리 아이가 갖고 있는 장점들을 극대화시킬 필요도 있다. '너는 덩치도 제법 있고 힘도 세고 고집도 있다', '너는 너를 괴롭히는 친구들과 충분하게 맞설 수 있다'라고 말해주어야 한다. '네가 실제로 약해서 그 아이들이 무서운 것이 아니라 너의 마음속에 그 아이들에 대한 두려움이 있기 때문에 자꾸 피하는 것이다', '똥은 더럽다고 피하면 그만이지만 사람은 피하면 피할수록 자꾸 따라다니며 괴롭힌다'고 말해주며 용기를 북돋아줘야 한다.

마지막으로 부모님의 힘을 보여주어야 한다. '네가 맞서 싸우다 힘들면 언제든 아빠와 엄마가 출동할 테니 일단 네가 맞서봐라'. 그리고 부모님의 조언 뒤에 따뜻함으로 감싸주어야 한다. '얼마나 힘들겠니? 엄마와 아빠는 이해한다. 그렇지만 너는 충분히 이겨낼 수 있고 우리도 돌봐주겠다'라고 말이다. 부모라는 든든한 배경이 있다고 생각하면 아이의 자신감은 몇 배로 올라갈 것이다. 그래도 해결이 안 된다면 학교 선생님을 찾아가서 상담할 것을 고려해봐야 한다.

내일 당장 자신을 괴롭히는 아이들에게 '너 한 번만 더 나를 괴롭히면 가만 안 둘 거야'라고 당당히 외치라고 용기를 북돋아주어라. 친구들이 놀아주지 않아서 고민인 아이에게는 친구로부터 인정받으려고 노력하지 말고 네가 친구들을 먼저 인정해 보라고 권한다. 그래도 해결이 안 되면 새 학급에 올라가게 되면 너를 좋아하는 친구들이 생길 것이라고 말해주어라.

이 모든 것들이 이루어지기 위해서 부모는 아이들에게 부모는 언제나 자신의 편이라는 점과 이야기를 털어놓으면 같이 문제를 해결하기 위해 노력하겠다는 점을 충분히 전달해야 한다. 아이가 믿고 의지하는 부모가 있다면 비록 아이가 왕따일지언정 왕따로 인한 아이의 상처는 쉽게 치유될 수 있다.

PART 7

Balanced Growth Solution

몸과 뇌가 함께 크는 아이, 부모가 만든다

1
Balanced Growth Solution

아이의 힘은
부모의 믿음에서 시작된다

"아이가 비만이라고 생각하시나요?"

진료실에 찾아온 엄마 아빠들에게 이렇게 물어보면 대부분은 고개를 끄덕인다. 하지만 많은 부모들이 옆에 앉아 있는 아이가 듣기라도 하는 듯 아주 작은 목소리로 대답한다. 어떻게 생각하면 부모의 이런 모습은 당연할 수도 있다. 내 아이만큼은 최고로 키우고 싶은 게 모든 부모의 심정인데, 본인의 아이가 비만이라는 사실을 인정하는 것은 어느 부모에게도 쉽지 않을 테니 말이다.

하지만 아이의 마음을 헤아리는 부모라면 살이 찐 아이를 창피해하거나 사람들 앞에서 살을 빼라며 구박해서는 절대 안 된다. 부모의 이런 태도는 아이에게 살을 뺄 수 있다는 의지와 믿음을 심어줄 수 없다.

부모는 아이의 마음을 헤아려야 한다. 하지만 바쁘게 움직이는 일상 속에서 마주보고 대화할 시간을 내기란 좀처럼 쉽지 않다. 더욱이 소아비만 아이들은 자신의 내면 깊숙이에 있는 이야기를 꺼내려 하지 않는다. 용기를 내서 힘들다고 이야기해봤자 상대에게 돌아오는 말이란 '네가 못나서', '살이 쪄서 그렇다'는 공격적인 말들뿐이기 때문이다. 게다가 부모는 으레 자신이 자녀의 마음을 잘 알고 있다고 착각한다. 그럴수록 아이는 더욱 자신의 속마음을 꽁꽁 숨겨버리는 악순환이 반복된다. 이것이 비만한 아이의 심리에 더 각별히 신경 써야 하는 이유다.

이제부터라도 아이와의 대화를 시도해보자. 너무 오랫동안 대화가 이루어지지 않아 어색할 것 같다면 우선 아이의 메모나 낙서, 일기 등에서 내면의 흔적을 찾아보는 것도 좋은 방법이다. 무엇보다 엄마 아빠가 아이의 상처를 충분히 인지하는 것이 중요하다.

비만으로 인한 정신적, 정서적 문제들은 앞서 설명했듯이 광범위하고 심각하다. 아이의 마음의 상처가 너무 깊은 경우 부모의 노력만으로는 치유가 어려울 수 있다. 이런 경우 비만보다 소아우울증 해결이 먼저일 수 있다. 이때는 전문가를 찾아 하루 빨리 치료를 서둘러야 한다. 부모는 끊임없이 아이를 북돋아 아이에게 체중 감량에 대한 의지와 동기를 심어줘야 한다.

사실 우리 아이들은 부모의 생각보다 훨씬 강하다. 부모가 옆에서 용기를 북돋아주고 확고한 다이어트 의지를 심어주면 아이들은 이내 대단한 능력을 펼친다. 나는 소아비만 프로그램인 〈수퍼키즈〉에 참여하면서 우리 아이들이 가진 놀라운 의지와 능력에 실로 감탄했다. 〈수퍼키즈〉는 다양한 사연을 가진 어린이들을 선발해서 가장 성공적인 다이어트를 수행한 어린이 한 명을 최종적으로 뽑는 서바이벌 프로그램이었다. 나는 자문 의사로 프로그램에 참여했는데, 애초 프로그램 관계자들은 아이들이라 다이어트가 쉽지 않을 것이라 우려했다. 하지만 프로그램을 진행하면서 우려는 씻은 듯이 사라졌다. 아이들은 저마다 놀란 만한 능력을 발휘해 성공을 넘어 기적을 이뤄냈다.

우승한 혁수의 경우에는 71kg에서 48kg으로 12주 동안 23kg이나 감량했다. 사실 이는 어른도 해내기 힘든 성과다. 그리고 다른 아이들도 대부분 성공적으로 감량했다. 프로그램에 참여하는 내내 매주 아이들의 무한한 잠재력을 확인하는 것은 즐겁고도 뿌듯한 일이었다.

그동안 나는 외국의 사례나 개인적인 연구 결과로 소아비만이 성인비만보다 더 결과가 좋다는 것은 알고 있었다. 하지만 아이들과의 집단적인 대면과 치료 과정에서 발견한 그들의 잠재성과 능력에는 놀라움을 금할 수 없었다.

〈수퍼키즈〉는 총 12회로 진행되었는데, 12주 동안의 다이어트 프로그램으로 11명의 아이들 모두 평균 20% 이상 체중감량에 성공했다. 매주 아이들에게는 체중감량을 위한 다양한 미션이 주어졌고, 그 미션을 수행하는 과정이 매주 방송으로 나왔다. 아이들은 내가 생각하기에도 다소 가혹하다 싶은 운동 스케줄을 소화하며 많이 힘들어 하기도 했지만, 나를 비롯한 여러 멘토들의 눈높이 멘토링과 심리치료, 소아비만 교육 덕분에 끝까지 한 명도 포기하지 않고 체중감량 프로젝트를 마칠 수 있었다.

2
Balanced Growth Solution
아이의 적성,
아이가 알고 부모가 키워준다

아이가 자신의 적성을 빨리 찾을수록 아이가 쓸데없이 인생과 노력을 낭비하는 것을 줄일 수 있다. 2008년 EBS에서 실시한 조사에서는 한국인의 직업만족도가 50%를 넘지 않았다. 그만큼 자신의 적성을 모르고 선택하거나, 자신의 적성에 맞는 직업을 선택할 기회가 없었다. 우리 주위를 보면 자신이 별로 원하지 않았거나 좋아하지 않는 일을 하면서 인생을 힘들게 살아가고 있는 사람들이 많다. 그리고 이런 사람들 대부분은 우울증이나 불안장애와 같은 심리적인 질환을 가지며, 자신의 직업 분야에서도 기대한 업무성취도를 이루지 못할 확률이 매우 높다.

우리 아이가 평생을 함께할 동반자이자 삶의 근원으로써 중요한 의미를 가진 것이 바로 '일'이다. 따라서 일을 선택하는 데 자신의 바람이나 적성과는 상관없이 외부의 기대, 부모님의 바람, 사회적 고정관념 때문에 좌우된다면 그 아이의 인생은 결코 행복할 수 없다.

　이때 아이의 미래 직업을 선택하는 데 아이의 재능, 적성, 흥미, 성격, 경험 등을 고려해야 한다. 나는 이 중에서 가장 중요한 기준 중 하나로 적성을 든다. 다중지능 검사, 진로 적성 검사, 성격 유형 검사, 흥미 적성 검사, 학습 진로 검사 등 여러 종류의 적성 검사가 존재한다.

　아이의 적성을 안다고 해서 아이의 모든 것을 해결할 수는 없지만 아이가 원하는 것을 정확하게 알고 있으면 아이의 진로 설정뿐만 아니라 일상적인 교감에도 도움을 받을 수 있다. 아이의 적성을 알려면 아이의 성격을 먼저 파악해야 한다. 대표적인 성격 검사로는 성격 유형을 검사하는 MBTI

MBTI의 성격 유형

선호 경향	성격 유형 설명
에너지 방향	외향형 아이는 여럿이 모여 질문하고 공부하기를 즐겨한다.
	내향형 아이는 혼자 학습 내용을 정리하고 꼼꼼히 되짚어보기를 즐긴다.
인식 기능	감각형 아이는 실제적이면서도 구체적인 내용을 선호하고 실용성에 관심을 가진다.
	직관형 아이는 새로운 것에 관심이 많고 추상적인 문제 풀기를 선호한다.
판단 기능	사고형 아이는 원칙을 지키는 것을 좋아하고 분석하기를 즐겨한다.
	감정형 아이는 사람들과의 관계를 중시하고 감정적인 격려에 호응이 강하다.
생활 양식	판단형 아이는 계획을 세운 뒤에 일을 진행해야 실수가 없다.
	인식형 아이는 계획을 변경하더라도 순간적인 기지를 발휘해 일을 처리할 수 있다.

가 있다. 이는 칼융의 심리유형론에 근거해 만들어진 심리검사다.

MBTI 검사를 하면 외향형과 내향형, 감각형과 직관형, 사고형과 감정형, 판단형과 인식형의 네 가지를 각각 짝지어 16개의 성격 유형이 만들어진다.

심리학자 데이비드 키어시는 성격 유형을 융 심리학과 서구의 성격 유형론을 결합해 디오니소스형, 에피메테우스형, 프로메테우스형, 아폴로형으로 나눈다. 또한 자녀양육전문가 매리 S. 커신카는 아이의 타고난 성향을 기질로 규정해서 아이의 성격 유형을 아홉 가지 기준에 근거해 나누고 있다.

데이비드 키어시의 성격 유형 분류

디오니소스형	자유분방하며 외향적이고 적극적인 행동형이며 MBTI의 '이상가, 행동형'에 속한다.
에피메테우스형	의무를 중시하며 계획적이고 꼼꼼한 규범형으로 '보호자, 규범형'에 속한다.
프로메테우스형	완벽을 추구하며 논리적이고 수준 높은 문제를 해결하는 것을 즐기는 '합리론자, 탐구형'이다.
아폴로형	자아를 찾고자 애쓰는 '예술가형'에 속한다.

매리 S. 커신카의 성격 유형 분류

1. 반응의 강도	아이가 감정적으로 격렬하게 반응하거나 큰 소리로 웃고 울면 격렬한 반응의 소유자다.
2. 아이의 고집	몇 시간 동안 떼를 부리거나 '안 돼'라는 표현을 극도로 싫어한다면 고집이 센 아이다.
3. 아이의 민감성	조용한 곳에 있기를 원하고 옷이 흐트러지는 것을 싫어하거나 남이 별다르게 생각하지 않는 냄새나 소리 등에 예민하게 반응한다면 민감한 아이다.
4. 아이의 지각능력	주변에 관심을 많이 쏟고 관찰하기 위해 오랫동안 자리에 머물러 있고, 다른 아이들이 잘 발견하지 못하는 사물을 능숙하게 발견한다면 지각능력이 뛰어난 아이다.
5. 아이의 적응력	해야 할 일이 있으면 이전 일을 잘 멈추고 전환하거나 식사시간이나 일과표가 바뀌어도 별로 당황하지 않고 잘 대처하는 아이는 적응력이 뛰어난 아이다.
6. 아이의 규칙성	같은 시간에 잠들고 일어나며, 배가 고픈 시간이 일정하며, 배변 등의 횟수가 일정하면 규칙적인 아이다.
7. 아이의 에너지 수준	사방을 돌아다니며 잠시도 가만히 있지 못하면 아이의 활동성이 높다.
8. 아이의 첫 반응	아이가 새로운 일에 뒷걸음치거나 긴장감을 느끼고 먼저 '싫어요'라는 말을 하면서 망설인다면 첫 번째 반응은 부정적이다.
9. 아이의 기분 상태	대체로 매사에 만족스럽고 긍정적인 표현을 자주한다면 아이의 기분 상태는 좋은 편이다.

물론 이 모든 적성평가를 부모가 다할 수는 없고 필요한 경우에는 전문가의 도움을 받아야 한다. 하지만 적어도 위에 제시한 성격 평가 틀에 근거해 우리 아이가 어떤 성격 유형인가를 알려고 노력이라도 한다면 아이와의 심리적인 거리를 줄이고 아이와 정서적으로 교감하고 이성적인 대화를 나누는 데 도움이 될 것이다.

3

Balanced Growth Solution

아이를 망치는 엄마의 아이중독

지금 우리 부모들이 자녀교육에서 겪는 가장 큰 딜레마는 아이에게 거는 지나친 기대에서 기인한다. 부모의 지나친 기대는 아이의 부담으로 이어지고, 이것을 용케 잘 이겨낸 아이는 정상적인 길로 가지만 그렇지않은 아이들은 반항하거나 무기력해진다.

그렇다면 우리 엄마들은 왜 아이에게 지나친 기대를 걸고, 왜 멈추지 못하는 것일까? 그것은 바로 엄마의 아이중독 때문이다. 아이중독은 모든 중독이 그렇듯 의존과 금단현상, 그리고 내성이라는 기제를 가진다. 부모 인생의 중요한 성공기준을 아이의 성공에 의존해서 생각하며, 아이가 자기 뜻대로 되지 않으면 심각한 자아혼란에 빠진다. 약에도 내성이 나타나듯 아이에 대한 기대수준은 만족을 모르고 점점 더 높아진다. 이런 아이중독은 대략 두 가지로 나뉘는데, 아이 통제형과 아이 밀착형이다.

아이 통제형 아이중독은 부모가 아이의 일거수일투족을 통제해야 한다는 강박관념이 강하며, 그 통제가 원활하지 않을 경우 불안해지거나 불쾌해지고, 그 통제에 대한 수준이 점점 높아진다. 아이 밀착형 아이중독은 아이와 붙어 있거나 아이로부터 인정을 받아야 한다는 욕구가 매우 강해 일상생활에 영향을 미치며, 아이가 떨어져 있는 동안에도 아이의 생활이 궁금하며, 날이 갈수록 강도가 강해지는 것을 가리킨다.

아이중독은 1가족 1자녀 등의 핵가족이 보편화되면서 더욱 강해지는 경향이 있으며, 부모의 좌절된 욕구 실현이 깔려 있을 때 더 집요해진다. 특히 엄마가 아이중독인 경우 아이는 집요하고 일상화된 비교와 경쟁적 환경에 놓인다. 아이중독은 어쩔 수 없이 비교와 관리, 통제와 감시를 동반할 수밖에 없다. 사교육 열풍, 엄친아, 치맛바람 등의 개념 역시 뿌리를 같이 한다.

아이중독은 아이에게 심한 스트레스로 다가갈 수 있으며, 이런 아동은 인스턴트 음식, 게임, 인터넷 등의 중독에 빠지기 쉬우며, 기분의 등락이 심하고, 왕따 등의 사회적 차별에 노출되었을 때 대응능력이 약할 뿐만 아니라, 성과는 높지만 자존감이 낮아 자존감을 자존심으로 보상하려는 경향이 강한 특징이 있다.

> **TIP +** 아이중독증 체크리스트
>
> ☐ 1. 내 자녀를 다른 아이들과 비교하는 데 익숙하다.
> ☐ 2. 아이가 눈에 보이지 않아도 아이 생각에 사로잡혀 있을 때가 많다.
> ☐ 3. 아이의 장점보다는 단점이 많이 보인다.

☐ 4. 아이에 대한 기대가 점점 더 높아짐을 느낀다.
☐ 5. 아이가 없으면 허전할 것 같다는 불안감이 가끔 든다.

다음 중 하나라도 해당된다면 아이중독증인지 자신을 돌아볼 필요가 있다. 본인이 아이중독증이라고 생각된다면 다음과 같은 훈련 중 하나라도 실천하여 벗어나도록 한다.

① 아이 비교하지 않기 내지는 비교의 방식을 바꾼다.

아이를 다른 아이들과 비교하는 것을 자제한다. 대부분 아이중독을 가진 부모들은 아이의 단점을 끄집어내어 다른 아이들의 장점과 비교하는 경향이 강하다. 이런 비교는 아이의 자존감을 약화시키고 부모와의 거리감만을 만들 뿐이다. 비교하고자 할 때 아이의 장점을 다른 아이의 장점과 비교하는 균형 비교도 시도하기 바란다.

② 아이를 생각하는 시간을 줄인다.

보면 집착이 생기고 자꾸 생각하면 집착이 강해진다. '생각 중지 훈련'처럼 하루에 아이 생각을 30분이라도 줄이면서 자신에게 자유를 주어라. 아이에 대한 생각이 떠오르면 눈을 감고 생각 중지 훈련에 돌입한다. '생각하지 말자'라고 주문을 되뇌면서 머리가 비워지면 코로 숨을 들이쉬고 입으로 내쉬기를 반복한다. 아이에게 자유를 주고 신뢰할수록 아이의 엄마에 대한 믿음과 순응도는 높아진다.

③ 아이와 밀당을 하면서 아이의 이야기에 귀 기울인다.

아이들은 우리 병원에서 엄마가 자신의 이야기를 들어주지 않는다고 호소한다. 이것은 엄마의 조급성에서 기인한다. 통제하고 관리하려다 보니 아이가 뻔히 자기 마음에 들지 않는 소리를 하고 행동을 하는데, 가만히 지켜볼 수가 없다. 아이와의 관계에서도 주고받기가 있다. 아이의 자유와 선택을 허용하지 않으면 아이도 엄마 아빠, 특히 엄마의 권유를 수용하는 데 저항감을 느낀다. 가끔은 무턱대고 부모가 원하는 것을 시키기보다는 아이가 하고자 하는 대로 내버려두는 냉각기를 갖는 것도 아이와 부모와의 관계에서 필수적이다.

④ 자기계발, 취미 등 좋아하는 일을 한 가지라도 만들어 해본다.

부모가 자신의 생활을 갖는 것이 필요하다. 그 시간이 아이를 소홀히 하는 시간이 아니라 부모가 보다 행복해지기 위한 시간이라고 생각해본다. 행복한 부모가 행복한 아이를 만드는 최고의 선물임을 명심하자.

4
Balanced Growth Solution

아들의 아빠,
딸의 아빠

얼마 전, 나를 찾은 김민수 씨는 들어올 때부터 심각한 표정이었다. 매사 인상 쓸 일밖에 없다는 것이 그의 하소연이었다. 그는 면담 중 한 번도 미소를 띠지 않았는데, 몹시 지치고 에너지가 소진된 표정이었다. 원인은 그날 사건 이후로 의욕상실이 왔다고 했다.

그날, 평소와 달리 몸이 유난히 피곤해 저녁 일찍 집으로 향했다. 노곤한 몸을 눕힐 아늑한 집에 대한 예상은 현관을 들어서자마자 깨져버렸다. 집으로 들어서자마자 아내와 아들의 다투는 소리가 높았다. 가끔 있는 일이라 대수롭지 않게 여기고 화장실로 향하던 그를 아들의 고함 한마디가 끌어당겼다.

"제발 그냥 놔두라고!"
"아니 저놈이 감히 엄마한테!"

화가 스멀스멀 치밀어 오르는 것을 억지로 누르고 다시 아들 방에서 들려오는 소리에 귀를 기울였다.

"하루 종일 오락만 하고 있니? 숙제는 끝내고 해야지?"

"내가 무슨 하루 종일 오락만 했다고 그래. 짜증나게."

"그럼 오늘 집에 와서 숙제 먼저 했어?"

"나는 좀 쉬지도 못해?"

밖에서 듣다 보니 엄마에게 대드는 아이의 언성이 정도를 넘어서고 있었다. 여간해서는 아이 인생은 아이 것이니 공부도 될 수 있으면 자율에 맡기자고 아내에게 누누이 말해왔던 그였지만 그날은 아이의 말투가 귀에 매우 거슬렸다.

그는 아들 방으로 들어서며 호기 있게 "너, 엄마에게 하는 말투가 뭐야? 빨리 엄마한테 사과해."라고 말했다.

아들은 대답 없이 고개만 숙였다.

"엄마한테 빨리 사과하지 못해?"

"아빠는 뭘 안다고 그래요? 괜히 끼어들어서."

그는 순간 자신의 귀를 의심했다. 치밀어 오르는 화를 주체하지 못해 자기도 모르게 손이 올라갔다. 옆에서 깜짝 놀란 아내가 말리는 바람에 상황은 종료되었다. 그러나 그날 마지막 말을 하면서 자기를 쳐다보던 아들의 눈빛을 잊을 수 없다. 마치 타인을 바라보는 듯한 짜증과 불만이 섞인 눈빛이었다.

그러고 보니 아들과 대화가 없어진 지도 오랜 시간이 지났다. 아들과의 그 일을 떠올리면 내가 인생을 헛살고 있는 것이 아닌가 하는 생각을 지울 길이 없다고 했다. 게다가 그의 유일한 낙이었던 막내딸의 귀여운 애교도 받아본 지 꽤 오래되었다는 생각에 더욱 침울해졌다.

나는 우리나라의 아이교육이 가진 가장 심각한 문제 중 하나가 반쪽교육이라고 생각한다. 반쪽교육이란 아버지가 상대적으로 자녀교육에서 소홀하거나 완전히 배제된 상태를 말한다. 이래서는 우리 아이들이 올바른 인성을 가진 전인적인 인간으로 올곧게 클 수 없다.

인간은 다른 동물과 달리 적은 수의 후손을 낳고, 그 특성상 온전히 자녀의 양육에 관여해야 한다. 그리고 15년 이상의 긴 시간을 거쳐야 비로소 독립할 수 있는 개체로 성장하므로 그때까지 부모는 헌신해야 하고 양육에 참여해야 한다. 특히 아버지의 양육 참여가 적극적이면 자녀는 발달, 성장, 건강상태, 심리상태, 사회적인 기능 면에서 월등히 높은 성취를 이룬다.

아빠는 아이교육에서 엄마의 보완재이자 승화재다. 엄마가 해주기 힘든 부분이나 엄마로서는 원천적으로 한계가 있는 부분을 보완해주고, 결정적인 순간에 아이의 능력과 낙관성을 긍정적으로 승화시켜줄 수 있는 든든한 밑거름이 되어야 한다. 특히 엄마가 가끔 해주기 힘든 부분일 수 있는 함께 몸 쓰기를 적극적으로 하며 아이의 올바른 성장에 결정적인 도움을 주는 아빠들이 있다. 최근에는 아빠의 목소리가 아이의 뇌 자극에 더 도움이 된다는 연구 결과가 나오면서 책 읽어주기가 아빠의 몫으로 변해가고 있는데, 이것 역시 매우 바람직한 현상이다.

아빠는 엄마와 다른 특성을 가지고 있는데, 이를 활용하는 것이 중요하다. 그중 하나가 공간지능이다. 아빠가 사회생활을 열심히 하며 더 훌륭한 롤모델이 되었을 때 아이는 심리적으로 충만하고 감성적으로 따뜻해지며 자신감을 키워나간다.

그리고 엄마를 존중하는 아빠의 태도가 딸에게 심리적인 안정을 준다.

딸은 어느 시점이 되면 엄마와 자신을 동일시한다. 따라서 엄마에게 부드럽고 따뜻하게 대해주는 아빠를 보면서 심리적인 안정과 더불어 아빠에 대한 신뢰를 느낀다. 따라서 딸의 마음을 얻고 싶은 아빠라면 아내와의 관계를 개선해야 한다.

더불어 섬세한 이해력이 떨어지는 우리나라의 아빠들은 부족한 공감능력을 대화로써 발전시켜야 나가야 한다. 더불어 남자아이와 여자아이의 차이점을 세심하게 파악하고 자녀를 대하면 시행착오를 대폭 줄일 수 있다.

아이의 뇌를 알면 아빠가 아이의 학습을 도와주고 코치하는 데 도움을 받을 수 있다. 나도 경험하지만, 아빠들에게 공부를 맡기면 일부 아빠들은 아이를 혼내고 결국에 울리는 것으로 공부를 끝내는 경우가 허다하다.

좌뇌가 담당하는 언어지능은 여자아이가 남자아이보다 뛰어나며, 논리수학지능과 공간지능은 남자아이가 뛰어나다. 신체운동지능은 남자아이들이 여자아이들보다 뛰어나다. 공간지능은 신체운동지능에 영향을 미치며, 공간지능과 신체운동지능은 운동이라는 매개로 시너지 효과를 발휘한다.

더불어 남녀의 뇌 구조에서 영향을 많이 받는 대표적인 과목이 언어와 과학 관련 학습이다. 남자아이들은 수학과 물리 등에, 여자아이들은 국어, 영어, 사회 과목 등에 강점을 나타낸다. 특히 남자아이들은 활동에너지가 높아 주의집중력이 떨어지는 경향이 강하며, 오락이나 게임 등에 취약하다. 남자아이들은 이기고 싶어 하는 권력 욕구가 강한데, 이런 경쟁의식을 적절하게 자극하면 학습에서 좋은 결과를 낼 수가 있다. 여자아이들은 언어지능이 뛰어나고 암기능력이 좋다. 그런데 남자아이들의 분석 선호 경향에 비해 여자아이의 암기능력은 학습능력을 발전시키는 데 장애로 작용할 수도 있다. 즉 수학이 약한 여자아이들의 경우 무조건적인 분석보다는 수학적인 개념을 이야기식으로 풀어내는 스토리텔링 교육 방법이 효과를 발휘할 수 있다.

우리나라에서 아빠들이 자녀교육에서 배제된 주요한 이유 중 하나가 대화능력의 결핍이므로 우리나라 아빠들은 미숙한 대화능력을 보완하고 발전시키는 데 보다 노력해야 한다.

5
Balanced Growth Solution

좌뇌형 부모가 만드는
아이의 스트레스

자녀교육에서 가장 확실한 진리 중 하나로 부모의 태도, 생활습관과 더불어 가정환경이 아이의 인성과 성장에 큰 영향을 미친다. 소아비만의 경우만 해도 양쪽 부모가 비만이 아닐 경우 아동이 비만일 확률은 10%, 한쪽 부모가 비만일 경우 40%, 양쪽 부모가 비만일 경우 80%로 천차만별이다.

대개 자발적인 독립능력을 갖추기 전까지는 아이는 어른이 만들어 놓은 프레임 안에서 생각하고 행동한다. 아이가 독자적인 사고체계와 생활능력을 완성하기 전까지 끊임없이 부모가 영향을 미쳐야 하는 이유도 이 때문이다.

세상에 자기가 낳고 키운 아이가 잘되지 않기를 바라는 부모는 없으리라. 그러나 양육은 마음과 태도도 중요하지만 결과에도 신경 써야 하는 난이도가 높은 과제다. 본인이 잘 키우겠다고 열정과 노력을 쏟아도 아이에게 제대로 전달되지 않으면 공허한 외침에 불과할 뿐이다.

다양한 가족을 만나다 보면 부모가 아이를 훌륭하게 만들기보다 성장 동력을 갉아먹고 있는 것 같아 안타까울 때가 한두 번이 아니다. 아이를 망치는 부모의 모습을 떠올려보라. 무관심한 아빠, 불안한 엄마, 대화 불통인 아빠, 무기력한 엄마 등 다양한 모습이 떠오를 것이다.

그런데 내가 본 부모들 중에서 의도하지 않게 아이에게 악영향을 주는 타입이 좌뇌형 부모이다. 좌뇌형 부모가 아이에게 부정적인 영향을 줄 수 있다는 사실에 고개를 갸우뚱하는 사람들이 많을 것이다.

나는 좌뇌형, 우뇌형 인간으로 이분법적으로 사람들을 분류하는 것을 반대한다. 누구나 성격이나 기질의 스펙트럼이 다양하게 나타날 수 있기 때문이다. 그러나 지나치게 한쪽 방향으로 몰린 사고, 행동, 말을 습관화하는 사람들, 그로 인해 문제를 겪는 사람들은 분명 이런 기준으로 자신의 문제점을 파악하고 개선할 필요가 있다.

추리와 분석에 능한 좌뇌형 인간은 과거 경제발전을 우선시할 때 우리 사회가 육성하고 강화한 인간형이기도 하다. 좌뇌형 인간의 머리에는 '왜?'라는 질문과 '무엇을 할까?'라는 과제들이 가득 차 있다. 문제가 생기면 문제를 겪는 당사자의 어려움을 공감하고 이해하기보다는 문제를 풀 수 있는 열쇠를 찾기에 급급해한다.

좌뇌형 부모는 아이에게 지속적으로 과제를 제시하고 그 성과와 잘잘못을 따질 뿐, 아이가 어려운 과제를 푸는 과정 속에서 아이가 겪는 고충을 이해하거나 위로하지 않는 것이 문제다. 아이는 따뜻한 정서적 보살핌과 지속적인 격려가 필요한 존재다. 그런 아이에게 어른 기준의 과제와 의무만을 지워서는 결코 안 된다. 아이가 힘들 때 '너 힘들지?'라고 다독거리는 데는 서툴면서, 늘 '너 했니? 어서 해' 하고 채근해서는 안 된다.

좌뇌형은 남성이, 우뇌형은 여성이 많다고들 하지만 우리 부모들은 엄마 아빠 가릴 것 없이 한결같이 좌뇌형 타입의 생활과 양육을 반복한다. 늘 학습과 과제, 등수와 경쟁의 구렁텅이로 아이를 내몬다. 멀쩡한 양뇌형 부모가 아이 앞에서만 좌뇌형이 되는 경우도 허다하다. 특히 부모가 자신의 단점을 보완하려고 노력하지 않는다면 고학력의 논리적이고, 언어능력이 뛰어난 좌뇌형 부모 밑에서 자라는 아이의 심리적인 상처나 스트레스는 더 깊고 클 수 있다. 아이들이 꼼짝할 수 없는 논리적인 말과 판단으로 아이를 해방구를 찾을 수 없을 정도로 옥죄기 때문이다. 아이는 이런 부모 밑에서 더 심한 압박과 스트레스를 느낀다.

최근 내가 진료하고 있는 동혁이 역시 고등학생이 될 때까지 이런 부모의 잔소리와 채근에 시달려야 했다. 비단 공부에 한정된 것이 아니었다. 동혁이는 옷이나 복장은 물론 행동거지 하나하나까지 엄마와 아빠의 원칙과 기준에 따라야 했다. 부모의 원칙에서 벗어나는 일은 아이에게 언제나 큰 분란을 야기하는 모험이었다. 물론 공부도 숨 쉬기 힘들 만큼 압박감을 느꼈다.

아이의 체중은 부모의 기대와 목표에 따라가지 못하는 중학교 3학년 때부터 급격히 늘었다고 한다. 그런 아이가 기대고 위안을 받을 곳은 나쁜 음식들과 부모님 몰래 하는 인터넷 게임밖에 없었다. 당연히 아이는 늘 남의 눈치를 보고, 주체할 수 없는 화와 심한 우울감을 느끼고 있었다.

동혁이의 부모님은 명문대를 나온 전형적인 엘리트였다. 중년에 접어든 지금까지도 늘 새로운 과제를 만들고 이를 실천하는 데 노력하는 강한 생활력의 소유자들이었다. 그들에게 늘 기대에 미치지 못하고 나약한 아들은 못마땅하고 실망스러울 수밖에 없었다.

나는 부모님의 좌뇌형 강박관념이 아이에게 얼마나 많은 짐과 고통을 안겨주는지 설명했다. 그리고 부모님에게 일주일간 아이에게 따뜻한 정서적인 말과 위로를 100번 넘게 하라는 숙제를 내주었다. 일주일 후 부모님은 이 과제를 해내는 데 힘들었지만, 그러고 나니 아이의 태도나 표정이 몰라보게 좋아졌다고 뿌듯해 하였다.

세계적인 경제학자이자 미래학자인 제레미 리프킨은 21세기가 공감의 시대가 될 것임을 예언한다. 공감하는 부모는 단순히 아이의 심신의 건강만을 지켜주는 것이 아니다. 경쟁형 인간이 아닌 공감형 인간을 만들어주는 것이 21세기를 살아갈 우리 아이들에게 꼭 필요한 양육 조건이다.

> **TIP+ 좌뇌형 부모를 위한 자녀 양육 팁 10가지**
>
> 1. 칭찬은 크게, 질책은 작게 하라. 지지는 강하게, 비교는 약하게 하라.
> 2. 아이의 이야기를 끊지 말고 끝까지 들어라. 아이의 말 한 마디 한 마디에 호응하라.
> 3. 아이와의 대화는 듣기 9, 말하기 1이면 충분하다.
> 4. 아이의 잘못을 바로 지적하지 마라.
> 5. 아이의 단점보다 장점을 더 많이 보자.
> 6. 다른 아이와 섣부른 비교를 하지 말자.
> 7. 틈날 때마다 아이와 스킨십을 나누어라.
> 8. 아이와 함께 하는 운동이나 야외활동이 최고의 교감이다.
> 9. 용돈이나 선물은 대가 없이 주어라.
> 10. 무조건 주고 또 주어라. 부모와 아이의 관계는 주는 만큼 받지 않는다.

6
Balanced Growth Solution

비만한 아이를 위한 부모의 식습관 교육

　　　　　　　　　　　소아비만 탈출 프로젝트 주치의를 하면서 고도비만 아동의 엄마에게 가장 강조했던 부분은 식사를 차려주지 말고, 식사하는 법을 스스로 습득하게 하라는 것이었다. 그래서 나는 지나치게 식단에 집착하는 엄마에게 식단제일주의로부터 벗어나도록 지도하고 소아 식습관 십계명 등의 행동주의적 교육 관점을 강조했다.

　한 식품회사 광고에서 등장해 이목을 끈 적도 있지만, 서구나 일본에서는 지금 식사교육이 보편화되고 있다. 이는 글자 그대로 음식을 고르고 먹는 일에 대한 체계화되고 전문적인 교육을 뜻한다. 이는 단지 가정에서 행해지는 가정교육 차원이 아니라 교육 당국과 각종 단체에서 행하는 전 사회적인 교육 현안이다.

　식사교육이 중요한 이유는 어린 시절이 한 개인의 평생 건강을 책임질 몸을 형성하는 중요한 시기이기 때문이다. 어린 시절 영양부족이나 비만을 겪으면 나이가 들어 각종 건강 문제를 겪는다. 마치 질병이 생기면 다시 되돌리기 너무 힘든 것처럼, 어릴 때 잘못된 영양으로 몸을 망쳐버리면 평생 건강농사는 물론 개인의 성취마저도 그르친다.

어린 시절 고른 영양과 규칙적인 영양 공급은 누뇌 발달과 성장에 결정적인 성패를 좌우한다. 특히 어린 시절 비만으로 인해 겪는 영양의 불균형과 부족은 세포 수준, 두뇌의 물리적인 완성, 뼈 성장 등과 같은 기초적인 몸의 구조 형성에 심각한 악영향을 미친다. 비만을 앓는 어린이가 있다면 최대한 빨리 정상적인 성장 곡선으로 돌아가는 데 힘써야 하는 이유가 여기에 있다.

동양에서는 '약식동원(藥食同源)'이라는 말이 오래전부터 전해지고 있다. 글자 그대로 먹는 것이 곧 약이라는 말이다. 좋은 먹을거리를 제대로 먹기만 한다면 질병에서도 해방되고, 장수를 누릴 수 있다는 말이다. 대부분의 학습과 습관들이기가 그렇듯 약식동원의 원리도 나이가 어릴수록 큰 효과와 영향력을 발휘한다. 절대적이라고 해야 정답이다.

제2차 세계대전 당시 나치 장교였던 요제프 멩겔레는 유대인을 대상으로 인체실험을 자행해 일명 '죽음의 천사'라 불렸는데, 그가 가장 아꼈던 실험 대상이 일란성 쌍둥이였다. 똑같은 유전자를 갖고 태어난 일란성 쌍둥이도 환경의 변화에 따라 크게 달라질 수 있음을 확인하기 위한 실험이었다. 일란성 쌍둥이더라도 각기 다른 가정으로 입양된 후 오랜 시간이 지난 후에 둘의 성장을 확인해보니 무려 15cm의 키 차이가 났다는 보고도 있었다. 이는 같은 민족인 남북한의 청소년들에게서도 일어난다. 2014년 국내의 통계조사에 따르면 남북한 청소년의 평균 신장이 평균 15cm 이상 차이나는 것으로 알려져 충격을 안겨주기도 했다.

비록 현대적 약물처럼 그 효과가 단숨에 나타나지는 않지만, 꾸준하게 실천하는 바른 음식 섭취는 괄목할 만한 차이를 만들어낸다. 제대로 먹기만 해도 그렇지 못한 아이에 비해 20% 똑똑해지고, 30% 더 튼튼해진다.

알버타대학교 폴 보젤러스(Paul J. Veugelers) 교수팀은 건강한 식사를 하는 아이는 그렇지 못한 아이에 비해 학업성적이 훨씬 좋다는 사실을 밝혀냈다. 연구에서는 과일과 야채를 많이 먹고 지방 등의 칼로리 섭취량이 적은 어린이는 읽기, 쓰기 평가에서 불합격되는 경우가 매우 적었다. 그 밖에도 식사교육이 커다란 효과를 나타냄을 알려주는 연구나 자료는 너무나 많다.

부모가 실천할 수 있는 방법으로 함께 장을 보고, 함께 음식 재료를 장만해서 요리하고, 함께 식사하는 과정에 아이를 동참시킬 것을 권한다. 가능하다면 그 재료들이 어떻게 만들어지는지, 음식이 어째서 소중한지를 차근차근 가르치자. 좋은 식사 선생님이 되려면 정성과 지혜가 필요하다.

현대의 먹을거리는 위험해지고 있다. 각종 첨가물, 영양 불균형, 농약이나 항생제 잔류물 등이 우리를 해친다. 특히 아이들의 입맛을 노리는 나쁜 음식에 주의해야 한다. 마치 아이에게 마약을 권하지 않듯 정크푸드에 대한 금지도 철저해야 한다. 사실 지나친 정크푸드 섭취는 마약과 같은 영향을 미친다는 보고도 있다. 정크푸드의 해악을 확실하게 설명해주면서 아이가 범죄나 부도덕의 잘못을 알게 하듯 정크푸드의 악영향을 이해할 수 있도록 해야 한다. 또한 먹기 싫은 음식을 왜 먹어야 하는지도 확실하게 알려줘야 한다. 입맛의 간사함을 도모하는 달고 짜고 고소하며 자극적인 음식들이 넘쳐날수록 다소 맛이 떨어지는 건강한 먹을거리에 대한 아이들의 반발심은 커진다. 이는 머리로, 또 몸으로 친숙하고 익숙해지게 만들어야 한다.

윤리적으로 선한 음식, 슬로우푸드, 로컬푸드, 한식의 장점, 음식에 대한 경건함과 같은 보다 본질적인 음식에 대한 이해를 들려주는 부모가 되어야 한다. 이는 학교나 사설 기관에서는 행할 수 없는 부모의 고유한 가르침 영역이다. 함께 식사하며 왜 이 음식이 소중한지를 가르쳐야 한다.

〈수퍼키즈〉 프로그램이 끝난 뒤 아이들은 자기 체중의 20~30%를 감량하는 쾌거를 이루었지만 그보다 더 놀라왔던 것은 가끔 이전의 잘못된 식습관으로 회귀하려는 부모님들에게도 이렇게 먹어야 한다는 식사교육을 할 수 있을 만큼 몸맘뇌가 혼연일체로 변신했다.

그래서 지금 이 시간에도 아이들이 지속적으로 체중이 감량되고 있다는 반가운 소식을 속속 듣는다. 어른들이 치료프로그램 중에는 곧잘 체중이 감량되다가 프로그램이 끝나면 적지 않은 사람들이 이전 몸무게로 회귀하는 요요현상을 겪는 것과는 사뭇 다른 광경이다.

아이가 살아갈 인생이 길고 창창하기에 아이의 손에 고기를 쥐어주기보다는 그물을 주고 낚싯대를 주어 고기를 잡는 법을 일러주어야 하는 것은 부모로서 절체절명의 과제다. 그래서 식사교육은 더더욱 강조되어야 한다.

TIP+ 올바른 식습관을 키워주는 엄마의 식사교육 십계명

1. 식판을 이용하라

아이의 밥그릇이나 반찬그릇은 어른과 다르다는 점을 충분히 인지해야 한다. 어른의 식사량과 아이의 식사량이 같을 수 없고, 지금은 특별한 상황이므로 음식량을 지키는 일이 무엇보다 중요하다. 아이의 마음이 다치지 않도록 애쓰되, 식사량을 지키는 일에는 단호해야 한다. 그러려면 내 아이만의 식기를 준비하고 음식량을 철저히 지키는 원칙을 준수해야 한다. 이때 식판을 이용하면 매우 효과적이다.

2. 메뉴와 식재료를 바꾸라

가능한 덜 가공된 천연 식재료로 음식을 준비하고 덜 달고, 덜 짜게 음식을 조리하되, 식탁에 전보다 2배 이상 야채를 준비한다. 야채에 익숙해지려면 강요보다는 반복적인 권유가 무엇보다 중요하다. 맛에 민감한 아이일수록 끈질긴 부모의 설득과 권유가 있어야 한다. 처음에는 아이의 입맛에 친근한 메뉴에 야채를 섞는 것도 괜찮은 방법이다.

3. 함께 식사하며 모범을 보이라

아이들이 가장 예민한 부분이 불평등이다. 식사할 때는 항상 아이와 함께 하고, 숙제 내주듯 음식을 내놓지 마라. 같은 메뉴로 함께 식사하며 식사의 중요성, 천천히 식사하기, 꼭꼭 씹기, 편식하지 않기 등을 부드럽게 설득하라.

4. 부모가 과체중이라면 함께 다이어트를 하라

엄마가 과체중이나 비만인 경우 함께 체중을 감량하면 효과가 배가 된다. 부모의 노력을 보고 아이들은 금세 감화하고 배운다. 함께 노력할 수 있다면 부모가 과체중인 경우가 아이의 비만 극복에는 오히려 장점으로 작용할 수도 있다. 체중감량은 아이는 어른이든 큰 스트레스이므로 스트레스를 해소하려면 운동이나 야외활동 시간을 늘려야 한다.

5. 아이 앞에서 나쁜 음식을 먹지 마라

아이 앞에서 아이가 좋아하는 인스턴트 음식이나 고칼로리 음식을 먹을 때 잘 참을 수 있는 아이는 거의 없다. 모든 일을 그르치는 빌미를 제공할 수도 있다. 음식으로 아이의 인내력을 시험해서는 안 된다. 그러니 나쁜 음식은 아예 집 안에서 치우는 것이 상책이다.

6. 아이의 식사시간에는 딴 짓을 하지 말아야 한다

일단 밥상이 차려지면 모든 일을 중지하고 식사에만 집중해야 한다. 누구든 먼저 식사를 마쳤다고 TV를 보거나 게임을 해서는 안 된다. 함께 식탁에 앉아 대화를 나누며 식사시간이 즐거운 화합의 시간이 되도록 한다.

7. 사소한 일도 격려하고 칭찬하라

밥 먹는 일이 뭐 대수냐 하는 식으로 아이에게 맡겨진 과제를 가볍게 여겨서는 안 된다. 어른에게는 별 것 아닌 일이 아이에게는 힘들고 고통스러운 일일 수도 있다. 늘 세심하게 관찰하고 아이의 마음에 공감해야 한다. 힘들 때는 지체 없이 격려와 설득의 말을 전하고, 조금의 성취나 성과에도 크게 칭찬하는 자세가 필요하다.

8. 일찍 자도록 유도하라

잘 자야 잘 빠진다. 규칙적인 수면을 유지할 수 있게 일과를 조절하고 아이를 10시 전에는 반드시 재우도록 한다. 아이의 잠자리가 편안한지 자주 관찰해, 수면 무호흡이나 코골이가 없는지 살핀다.

9. 식사량, 식사시간, 간식량을 잘 지킨다

아이의 용돈을 제한하거나 용돈의 용도를 따질 필요도 있다. 비만 아이의 경우 용돈이 대개 군것질로 쓰이기 때문이다. 세 끼 식사의 양과 칼로리를 항상 같게 하고 식사시간 또한 반드시 지킨다. 학교에서 아이가 급식을 먹는다면 이 역시 따로 세심하게 확인하고 교육할 필요가 있다.

10. 부모가 자신감을 가져야 한다

분명 비만은 질병이지만 반드시 완치될 수 있다는 확신과 자신감을 가져라. 단호하고도 부드러운 태도로 아이를 리드하라. 아이 앞에서 당황하거나 불안한 표정을 보여서는 안 된다. 또 감량기간 동안 아이가 예민할 수 있다는 점을 잘 이해하라. 항상 아이가 비만으로 자존감에 상처가 가지 않게 조심하라. 주변의 시선 때문에 아이가 자기비하에 빠지지 않게 늘 용기를 북돋아주기 바란다.

7
Balanced Growth Solution

학습과 심리를 함께 잡는 엄마의 식단

아이의 학습이나 인격 형성에 부모가 차지하는 비중은 매우 높다. 그런데 이 비중을 초월하는 것이 있으니, 바로 아이의 입맛이다. 아이의 입맛 형성은 태어날 때부터 부모가 쥐고 흔든다고 해도 과언이 아니다. 학습이나 인격 형성에는 선생님, 친구 등 다양한 요소가 관여하지만, 아이의 입속으로 들어가는 음식물의 종류와 양은 보다 직접적으로 부모의 승인과 참여를 얻어야 하기 때문이다. 아이는 유치원이나 초등학교 등에 들어가기 전까지는 거의 대부분 집에서 해주는 음식으로 길들여지고 가정의 밥상머리에서 배운 식습관이 먹는 습관을 좌우한다. 사회생활을 하더라도 부모가 주는 용돈 없이 인스턴트 간식거리를 사먹을 수는 없는 노릇이다. 현명한 부모라면 아이에게 용돈의 사용처를 조리 있게 질문해야 한다.

내가 오랫동안 소아비만 성장 클리닉을 운영하면서 내린 결론은 식습관이 아이의 학습능력과 심리안정에 매우 중요한 역할을 차지하며, 식습관의 올바른 개선 없이 아이의 올바른 성장은 기대하기 힘들다.

아이의 마음과 뇌 성장에 대한 식단관리 원칙과 식사교육 솔루션은 하늘에서 떨어지는 것이 아니다. 재테크나 운동에도 투자와 연습이 필요하듯이 부모라면 식사교육과 식단 준비에도 공부가 필요하다.

정서를 안정시키는 식단 원리와, 공부능력을 올리는 식단 원리에 대해 알아보자.

정서를 안정시키는 식단 원리는 다음과 같다.

① 아이가 짜증이 많고 난폭해지는 큰 이유는 혈당 롤링 현상 때문이다. 따라서 혈당 곡선이 요동치지 않도록 당지수가 낮은 식사, 규칙적인 식사, 건전한 간식을 적절히 공급해야 한다. 특히 인스턴트 음식은 칼로리만 높고, 평온한 기분을 유지하게 하는 세로토닌이 분비되도록 하는 비타민 D와 단백질이 부족하기 때문에 금해야 한다. 또 과자나 음료수에 든 각종 유해한 첨가물들은 아이의 난폭함을 자극할 수 있으니 역시 금해야 한다.

② 기름기가 빠진 살코기 위주의 건강한 단백질 식사로 뇌 호르몬의 균형을 유지한다. 성장호르몬, 멜라토닌, 세로토닌 등 정신건강을 돕는 유익한 호르몬들은 단백질로 만들어진다. 단백질 하면 육류를 떠올리기 쉽지만 채식 위주의 식생활로도 충분한 단백질 공급이 가능하다. 대표적인 예로는 충분한 단백질이 들어 있는 현미밥이 있다.

③ 신선한 야채는 입맛을 정화하고 입맛 인내력을 길러주므로 하루 섭

유질 섭취량이 30g 이상 되도록 양을 늘린다. 섬유질이 많은 음식은 포만감을 오래 유지시키며, 채소나 과일을 꼭꼭 씹는 습관이 스트레스 해소에도 도움이 된다.

④ 단순당이나 과도한 탄수화물 섭취는 혈당 롤링 현상을 심화시킨다. 탄수화물을 섭취한 직후는 기분이 좋지만, 얼마 지나지 않아 저혈당이 오고, 이로 인해 기분이 갑자기 나빠진다. 탄수화물 섭취에 항상 유의해야 하는 까닭이기도 하다. 혈당 공급에 악영향을 미치는 단순당 섭취는 하루 25g 이하로 제한해야 한다. 현미나 통밀 등의 정제되지 않은 곡류로 복합당을 제공해야 한다.

⑤ 소금 중독은 폭식증과 비만을 부르며, 우울증을 일으키는 중요한 원인이므로 저염 식단을 준수한다. 즉 하루 소금 섭취량을 4g 이하로 한다.

⑥ 입에 남은 음식물의 흔적은 식욕을 부추긴다. 음식을 먹고 나면 반드시 양치질을 하고, 입맛의 정화를 돕는 하루 물 1.5L 마시기를 꾸준히 실천한다.

⑦ 대개의 비만 어린이는 음식 중독에 빠져 있다. 비만 어린이의 식단 변화와 다이어트 역시 중독자가 행하는 금연이나 단주 때와 같은 금단 현상을 불러일으킨다. 즉 우울증, 불안, 안절부절감, 좌절감, 분노 같은 다양한 정신적 문제를 동반한다. 식단의 변화는 아이에게 큰 스트레스로 작용하기 마련이다. 다른 중독 탈출 프로그램처럼 스트레스 강하와 조절에 집중해야 한다. 식단을 짤 때도 상호간 충분한 대화와 동의, 설득을 거쳐 갈등의 소지를 줄이는 지혜가 요구된다.

공부능력을 올리는 식단 원리는 다음과 같다.

① 통계적으로 아침을 굶는 아이의 성적은 나쁘다. 아침을 굶어도 되는 사람이라면 아침 단식이 건강에 이로울 수 있다. 하지만 아이들은 오전에 왕성한 두뇌활동을 해야만 한다. 아침을 거르면 뇌로 가는 혈당이 줄어 오전 학습에서 집중력을 발휘할 수 없다. 따라서 학령기 청소년들은 아침을 반드시 챙겨 먹도록 한다.

② 야식을 많이 먹으면 오히려 공부에 방해된다. 저녁 늦게 야식을 먹으면 이를 소화하느라 위장관에 혈류가 몰리고, 당연히 뇌 활동이 줄어 집중력이 떨어진다. 가급적 7시 전에 식사를 마치고 간식은 간단한 과일 정도로 제한해야 저녁 공부를 잘할 수 있다. 학습 후에 공복감이 심해 잠이 잘 오지 않는다면 견과류나 따끈한 저지방우유 한 잔을 마셔 수면 호르몬을 유도하는 것도 한 가지 방법이다.

③ 뇌를 구성하는 DHA, EPA 섭취에 신경 쓰자. DHA는 기억력 개선에 도움이 되고, EPA은 두뇌의 영양분이다. 이를 통칭해 오메가 3 지방산이라고 부르는데, 오메가 3 하면 흔히 등푸른생선을 떠올리기 쉽다. 하지만 오염된 바다에서 나오는 생선보다는 호두나 잣 같은 신선한 견과류를 충분히 섭취하는 편이 낫다. 특히 아마씨는 오메가 3의 함유량이 매우 높은 것으로 알려져 있다.

④ 조금씩 자주 먹는 편이 학습에는 더 유리하다. 한꺼번에 과식하거나 단지 하루 세 끼만 먹는 식사는 원활한 뇌혈당 공급에 문제를 일으킨다. 뇌혈당을 원활하게 공급하려면 세 끼를 소식해서 먹되, 끼니와 끼니 사이에 과일과 신선한 채소, 견과류 등을 이용해 간식을 먹는 편이 훨씬 낫다. 뇌혈당 공급이 안정적이고 일정해야 뇌력도 강화된다.

⑤ 스트레스는 뇌력을 떨어뜨리는 주원인이다. 스트레스 강하 능력이 뛰어난 식단을 구성한다. 건강에도 도움이 되면서 스트레스 강하 능력이 뛰어난 음식으로는 씹는 질감을 느낄 수 있는 질긴 채소류나 달콤한 과일, 딱딱한 견과류 등이 있다. 오이나 당근, 껍질째 먹는 사과 등이 스트레스 해소용 음식으로 자주 추천된다.

⑥ 계란 노른자는 콜레스테롤 수치가 높다는 이유로 그동안 기피 음식이었다. 하지만 계란 노른자에는 레시틴이라는 두뇌를 구성하는 물질이 함유되어 있다. 실제 레시틴은 콜레스테롤 수치를 낮추는 역할도 한다. 방사해 키운 닭에서 얻은 유기농 달걀을 선택한다면 몸과 두뇌건강 모두를 챙길 수 있다.

⑦ 각종 미량 영양소 섭취를 챙긴다. 필수아미노산, 나이아신, 비타민 B, 비타민 C, 엽산, 마그네슘, 아연, 망간 등은 모두 두뇌건강을 돕는 중요 영양소들이면서 식생활에서 놓치기 쉬운 것들이다. 이들은 정제되지 않은 곡물, 콩류, 견과류, 과일, 채소 등에 풍부하므로 여러 가지 채소와 과일, 곡류를 다양하게 즐기는 것이 첫 번째 방법이다. 만약 힘들다면 이들 영양소가 든 보충제를 챙겨먹는 것도 한 가지 방법이다.

⑧ 뇌 건강을 해치는 유해음식을 멀리한다. 백설탕, 카페인, 트랜스지방, 각종 중금속물질 등이 함유된 음식을 최대한 멀리한다.

학습능력을 올리는 음식

- 불포화지방산 : 호두
- DHA : 고등어
- 트립토판의 원료(청어, 우유), 비타민 B6(청어, 연어, 호두)
- 기억력 향진 : 도라지, 구기자, 인삼, 동충하초, 오미자
- 쿼르세틴(뇌세포 파괴를 막아줌) : 사과

8

Balanced Growth Solution

피그말리온 비교 훈련

얼마 전 소아비만 때문에 병원을 찾아온 중학교 1학년 소희와 엄마 사이에는 말해서는 안 될 금기 주제가 있었다. 그것은 소희의 식탐과 식습관 및 언니 미희에 관한 것이었다. 지난 몇 년간 엄마는 소희의 비만을 잡아보려고 끊임없이 식습관과 식탐을 지적해왔다. 그리고 같은 핏줄인 언니 미희는 날씬하고 공부도 잘하는데 너는 누구를 닮아 그렇게 뚱뚱하냐는 꼬리말을 부록처럼 꼭 붙였다. 그런 지적을 들을 때마다 소희는 히스테릭한 반응을 보였고, 급기야 입에 담기 힘들 만큼 격렬하고 심각한 싸움을 벌인 적도 몇 번 있었다.

그 와중에 엄마는 소희보다 더 지쳐버렸다. 엄마의 스트레스 지수가 소희보다 더 높았다. 엄마는 소희에게 휴전을 선포했다. 엄마의 간섭이 사라지자 소희의 몸무게는 고삐 풀린 망아지처럼 늘었고, 보다 못한 엄마가 소희를 겨우 설득해 병원으로 데려왔다.

　소희의 심리상담 결과는 이런 음식 전쟁의 후유증이 고스란히 드러나 있었다. 소희의 자존감은 매우 낮은 상태였으며, 음식에 대한 과도한 집착은 자신의 불행을 보상받는 유일한 기제로 작용하고 있었다. 엄마 이미지를 그려보라고 하자 매우 의존적이면서도 증오하는 마음이 강한 양가적인 대상으로 그려지고 있었다.

　이렇듯 소희 어머니의 대화법은 전형적인 아이의 기를 죽이고 에너지를 감소시킨다. 아이를 망가뜨리는 최고의 적이 엄마 아빠, 특히 엄마의 섣부른 비교라는 것은 익히 알려진 사실이다. 나는 아이들의 행동이나 성적이 기대에 미치지 못해 조바심 내는 부모님들에게 항상 이런 말을 한다.

　"비교는 가끔 해도 좋습니다. 그렇지만 될 수 있으면 피그말리온 비교를 하십시오."

　피그말리온 효과는 타인의 기대나 관심 때문에 능률이 오르거나 결과가 좋아지는 현상을 말한다.

　어느 초등학교에서 선생님에게 "어린이 지능 향상을 예측할 수 있는 새로운 테스트입니다."라고 설명해놓고 다른 검사를 실시했다. 그 후 20% 정도의 아이를 뽑아놓고 "이 애들은 앞으로 지적 발달이나 학업이 틀림없이 급상승할 것입니다."라고 선생님에게 결과를 보고해주었다. 그런 암시 후 8개월이 지난 다음 과거에 했던 것과 똑같은 지능 테스트를 해서 지난번의 지능 테스트 결과와 비교해보았다. 그랬더니 앞으로 잘할 것이라는 기대를 품게 했던 아이들의 지능이 다른 아이들의 지능에 비해 현저하게 향상되어 있었다.

이것이야말로 아이의 성장을 도모할 수 있는 가장 효율적이고 저비용의 방법이다. 그러나 우리나라의 부모들은 지극히 반 피그말리온적인 양육 방식을 채택하고 있다. 아이의 기를 죽이고 더 잘하는 아이를 대비시킴으로써 아이가 더 각성하고 더 노력할 수 있다고 생각한다.

즉 우리 아이들의 단점과 옆집 아이의 장점을 비교하는 데만 익숙하며, 그로 인한 부모의 조바심이 아이를 더 다그치고 있다.

앞에서도 강조했듯이 이제 이런 조바심에서 벗어나 우리 아이가 옆집 아이보다 어떤 장점을 갖고 있는지 찾아보아야 한다. 지금부터라도 우리 아이의 장점을 보는 연습이 필요하다. 부모가 이렇게 바뀌어야 아이가 바르게 성장할 수 있다.

9

Balanced Growth Solution

아이의 기를
살리는 엄마의 대화법

아이들에게 발생하는 비극적인 상황들 대부분은 자신의 답답한 상황을 들어줄 사람이 없다는 데서 시작된다. 나이든 사람들은 외로워서 극단적인 행동을 저지른다. 따라서 노인들에게는 말을 걸어주고 따뜻한 보금자리가 될 만한 둥지를 제공하는 배려가 필요하다. 아이들은 괴로워서 비극적인 선택을 하기도 한다. 따라서 아이들에게 가장 소중한 것은 자신의 이야기를 들어줄 사람이다. 그래서 우리 아이들이 스스로 자존감을 높이고 스스로를 자랑스럽게 생각할 수 있도록 대화를 이끌어나가야 한다.

　대화의 상대는 부모가 될 수도, 선생님이 될 수도 있으며 선배가 될 수도 있다. 대화를 할 때 가장 중요한 것은 아이의 생각과 느낌을 수용하는 상대방의 태도다. 아이는 순수하고 감성적이어서 저항이 오면 바로 자신의 문을 닫아버린다. 한번 닫혀버린 아이의 마음의 문을 열기란 그 이전에 비해 두세 배의 노력이 든다.

문제는 우리 엄마 아빠, 특히 엄마들이 아이에 대한 애정이 지나친 나머지, 기대가 너무 큰 나머지 대화의 문을 닫아버리는 폐쇄형 대화 방식에 매우 젖어 있다는 점이다. 따라서 이런 대화 방식을 개방적 대화 방식으로 바꾸는 지혜가 필요하다.

폐쇄형 대화 방식 ➡ 개방적 대화 방식

1. 아이의 의견을 끝까지 듣지 않고 자른다.
    ➡ 아이의 의견을 중간에 자르지 않고 끝까지 듣는다.
2. 아이의 말이 끝나고 나면 바로 문제점을 지적한다.
    ➡ 아이의 말이 끝나고 나면 동조와 공감으로 대화를 시작한다.
3. 아이가 말하는 동안 눈을 마주치거나 몸짓으로 호응하지 않는다.
    ➡ 아이가 말하는 동안 적극적으로 눈을 마주치고 몸짓으로 호응한다.
4. 아이의 견해에 동조하기보다는 부모의 의견을 주입시키려 한다.
    ➡ 아이의 견해 자체를 인정하고 부모의 의견은 강압적이지 않은 방식으로 제시한다.
5. 아이에게 필요한 감정적 동조보다는 이성적 비교를 자주 구사한다.
    ➡ 아이에게 이성적 비교보다는 감정적 동조를 자주 표시한다.

여러 번 반복했듯이 아이와 대화하고 싶다면 밀당하라. 칭찬 4, 교정 1의 비율로 대화하면 된다. 아이의 성취는 한껏 축하해주고, 아이의 좌절은 정성껏 격려해주며, 아이의 잘못은 따뜻하고 단호하게 혼내주어라. 그러면 아이는 부모에게 자신의 어려움을 스스럼없이 털어놓을 수 있는, 그래서 쓸데없는 문제를 키우지 않는 현명한 이야기꾼이 될 것이다.

아이의 자존감을 높여줄 수 있는 가장 좋은 교사는 바로 부모다. 부모는 두 가지 의미를 가지고 있다. 자기와 가장 오래한 사람이자 자신을 가장 잘 아는 사람이다. 따라서 이 두 가지의 강력한 강점을 가진 부모가 아이의 자존감을 올려줄 수 있는 다양한 언사와 제스처를 보여주면 아이는 자동적으로 용기가 백배될 수밖에 없다.

아이의 자존감을 높여주는 대화법

- 아이와 대화를 나눌 때는 눈을 맞추고, 아이의 이야기를 끝까지 들어준다.
- '해라', '하지 마라'는 식의 명령이나 금지어가 아닌 세밀한 정보 형태의 말을 한다. 아이가 어릴수록 구체적이고 실천 가능한 행동을 유도하는 정보들이어야 한다.
- 아이의 기분이나 정서를 이해하고 있음을 자주 상기시키고 확인해준다. '너의 마음을 알고 있어', '그런 기분이었구나'라고 매번 확인해주는 것이 아이의 심리를 안정적으로 이끄는 방법이다.
- 결론을 미리 강요하지 말고, 의견을 서로 나눈 뒤 아이 스스로 결론을 내릴 수 있게 한다.
- 아이에게 '어떻게 하면 될까?'라고 자주 물어 자신의 의견과 판단을 말할 수 있게 한다. 자신의 의견을 말하고 나면 아이는 이내 실천한다. 이

것이 아이만의 장점이기도 하다. 의견을 물어 아이에게 실천 동력을 불러일으킨다.

이와 같은 방법으로 대화를 하면 아이는 자기 이야기를 진지하게 들어주는 사람이 있다는 것을 인지하고, 이 사실만으로 자존감은 향상된다. 단, 아이와 대화를 하면서 문제를 지나치게 지적하지 말아야 하며, 아이가 시도하는 변화에 적극적으로 호응해주어야 한다.

10
Balanced Growth Solution

아이의 맘력은 Mom력

 아이들의 심리적, 신체적 문제를 치료하다 보면 그보다 아이의 움츠려든 '맘력', 즉 마음의 힘을 회복하는 것이 우선이었다.

충분한 운동, 고른 영양, 양질의 수면 물론 이 모두가 필수적인 요소이지만, 소아 문제 해결의 핵심 동력은 아이의 긍정적이고 밝은 성격과 감정 상태다. 다시 말해 아이의 적극적이고 편안한 마음가짐이야말로 아이의 문제를 해결할 수 있는 시발점이다. 건강한 맘력을 회복한 아이의 건강한 몸 되찾기는 그야말로 시간문제다.

우리 아이 안에 긍정적인 실천 의지가 없으면 어떤 효과적인 교육이나 훈련도 수포로 돌아가고 만다. 다양한 신체적, 심리적 문제들을 가진 아이의 경우, 이를 극복하는 과정에서 심리적인 상처나 결핍감도 경험한다. 때에 따라서는 아이의 상처가 부모가 감당하기 힘들 만큼 커진 경우도 있다. 물론 이때는 반드시 의사와 심리전문가의 도움을 받아야 한다. 하지만 아이를 치유하고 보살피는 일은 기본적으로 부모의 몫이다. 그중에서도 아이와 더 많이 접촉하고 대화를 나누는 엄마야말로 아이의 상처 입은 마음을 치유해줄 수 있는 최고의 적임자다. 그래서 나는 아이의 맘력을 'Mom력', 즉 엄마의 힘이라고 한다.

지금도 진료실에는 엄마가 아이의 병을 만들고 그 아이의 병에 마음의 상처를 입어 어찌할 바 모르는 엄마와 아이의 모습이 넘쳐난다.

아이의 여러 가지 문제에 대한 치료를 시작했다면 아이에게 긍정적인 마음이 샘솟을 수 있도록 많은 자극과 실천을 아끼지 말아야 한다. 엄마로부터 긍정적인 에너지를 듬뿍 받아 아이의 마음속에 긍정의 에너지가 넘쳐흐를 때 아이 스스로도 즐거운 마음으로 적극적으로 자기 회복 과정을 시작할 수 있다.

소아비만, 성조숙증, 소아우울증, 소아반항장애 등 다양한 신체적, 심리적 문제를 안고 있는 아이를 다룰 때 엄마는 매우 전략적이고 세심해야 한다. 다음 5단계로 전략적으로 아이를 다루는 엄마가 되어보자.

1단계 : 긍정적인 언어로 신뢰 쌓기다.

아이를 불신하고 부정하는 이야기를 자주 해왔던 엄마라면, 특히 아이의 살에 질타와 비난을 반복해왔다면, 이제는 아이를 신뢰하고 긍정하는 말을 하라. 예전의 부정적인 표현들 역시 아이를 위한 마음에서 비롯된 것이었겠지만, 이제는 아이를 칭찬하고 믿음을 심어주는 방법으로 마음을 표현해야 한다. 아이를 향한 엄마의 무한한 믿음과 신뢰만이 아이의 변화와 실천을 이끌어낼 수 있다는 사실을 잊어서는 안 된다.

2단계 : 신뢰하면서도 단호함과 규율을 유지하다.

아이를 지지하고 칭찬해주라는 것이 지금까지 아이가 문제가 되는 행동이나 신체적, 심리적 상태를 만든 잘못된 습관을 계속 허용하라는 뜻은 절대 아니다. 그동안 아이와 엄마 사이를 가로막았던 불신을 허물고, 잘못된 연결고리를 끊어야 한다는 말이다. 이것을 바로잡지 못하면 아이와의 관계는 더 이상 나아질 수 없고, 이런 상태에서는 치료 효과를 기대하기 힘들다. 따라서 아이를 지지하면서도 아이의 나쁜 습관에 대해서는 항상 단호함과 엄격함을 유지해야 한다.

3단계 : 아이의 변화에 대한 고도의 평상심과 전략적 태도를 유지해야 한다.

아이가 스스로 문제를 해결하기 위한 과정에 돌입하면 아이는 짜증과 스트레스가 생긴다. 아이가 의도하지 않았는데도 짜증과 스트레스가 샘솟는다. 엄마들 대부분이 회피하거나 아이를 혼내는 것으로 상황을 악화시킨다. 엄마는 아이의 짜증에 너그러운 자세를 견지하면서도 적극적으로 대처해야 한다. 아이의 문제를 단편적으로 일일이 지적하거나 감정적으로 대응하지 말자. 많이 안아주고 더 많이 칭찬하고 더 많이 대화해 아이가 스스로 이 상황을 견뎌낼 수 있도록 곁에서 지원하고 지지해야 한다.

4단계 : 아이에게 절제된 무관심을 균형감 있게 구사하도록 한다.

아이가 자신의 목적이나 의도를 관철하려고 일부러 짜증을 내거나 화를 낸다면 이때는 좀 더 엄격하게 통제하거나 훈육해야 한다. 가장 좋은 방법은 의도적인 무관심이다. 아이는 엄마의 사랑과 관심을 갈망한다. 심리적인 문제가 있는 아이일수록 엄마의 관심에 더 목말라 있다. 자신의 부정적인 행동에 엄마가 관심을 보이지 않는다면 아이는 곧 자신의 나쁜 행동들이 엄마에게 설득력이 없다는 사실을 깨닫는다.

5단계 : 단호한 금지요법이다.

무관심 요법이 통하지 않을 때는 단호한 금지의 말로 한계선을 분명히 그어야 한다. 단호하고 결단력 있게 행동하는 것이 중요하다. 감정적인 대응이 아닌 차분하고 논리적인 설명과 설득으로 아이가 최대한 상황을 납득할 수 있도록 이끌어야 한다. 엄마가 감정에 휘둘려 하는 말이 아님을 아이에게 분명히 인지시켜야 한다.

이 모든 것은 엄마의 사랑과 관심을 아이가 느꼈을 때 가능하다. 세상에서 제일 사랑하는 우리 아이라는 이미지 트레이닝을 매일 반복하라. 엄마는 아이의 내면에 최대한 집중해 아이 스스로 자신의 문제를 해결해나가는 힘든 성장 과업의 시기를 슬기롭게 헤쳐 나갈 수 있도록 인도해야 한다. 작아졌던 우리 아이의 마음의 힘이 다시 강해지려면 우선 부모, 특히 엄마의 힘이 강하고 커야 한다.

 엄마가 전략적으로 치밀하게 Mom력을 발휘할 때 아이는 최적 성장을 이룬다. 다시 한 번 말하지만 '아이의 맘력은 Mom력'이다.

| 에필로그 |

엄마의 강하고 부드러운 믿음이
아이를 크게 키운다

우리나라에서 아이들을 키운다는 것은 그리고 제대로 키운다는 것은 초인적인 노력을 요하는 일이다. 수없이 쏟아지는 새로운 정보들과 과제들, 그리고 우리 아이들을 위협하는 무수한 유혹과 위험들, 날이 시퍼렇게 선 비교와 경쟁 위주의 사회 분위기는 한시라도 한눈을 팔면 우리 아이의 영혼을 앗아갈 듯이 매섭다.

오늘도 병원을 찾는 부모님들은 아이들의 육체적 성장 과제, 심리적 안정 과제, 학업적 성과 과제들로 허리가 휜다. 그러다 보니 부모님들의 악전고투에도 불구하고 갈수록 우리 아이들의 몸과 마음과 뇌는 난초가 되고 있다.

우리 아이들의 몸은 저성장, 소아비만, 아토피, 면역력 저하, 낮은 체력 등의 덫에 걸려 있다. 우리 아이들의 마음은 낮은 자존감, 왕따, 외톨이, 반항장애 등으로 고통 받고 있으며, 뇌는 집중력 장애, 동기결여, 지속력 약화 등으로 제 능력을 발휘하지 못하고 있다. 그래서 나는 우리 아이들이 건강하게 성장하려면 몸과 마음, 그리고 학습능력이 동반 성장해야 한다고 강조한다.

마음이 불안한 아이가 건강할 수 없으며, 학습능력이 떨어지는 아이가 행복할 수 없다. 몸에서 조절하는 성장호르몬, 학습호르몬, 행복호르몬을 적절하게 훈련시켜야 하며, 자기를 사랑하도록 자존감을 높여야 한다.

몸力	• 몸구성 + 체력 + 면역력 • 체지방률, 영양, 운동, 수면
맘力	• 자존감, 관계력 • 가치학습, 애정 확인, 분별력, 포용력
뇌力	• 동기력 • 집중력, 창의력, 이해력, 뇌 호르몬, 수면

자신의 학습목표를 설정하고 그것을 잘 성취할 수 있도록 노력해가는 학습훈련 역시 필요하다. 이것을 '몸맘뇌 성장훈련'이라고 한다. 이 훈련의 철학은 몸이 건강한 아이가 마음이 건강하며, 마음이 건강해야 뇌, 즉 생각하는 힘이 건강하다는 것이다.

이 프로그램은 우리 아이들이 몸 지능이 발달하며 최적 성장을 이루는 아이, 꿈이 있고 어떤 환경에서도 동기부여를 하는 아이, 관계능력이 뛰어나며 남을 배려하는 아이, 공부의 맛을 알고 집중하는 아이로 자라도록 도와준다.

이 훈련의 가장 훌륭한 교사이자 조력자는 부모다. 특히 엄마는 아이에게 가장 큰 안식처이자 의존 대상이다. 힘들 때나 어려울 때 가장 먼저 찾는 사람이 바로 엄마다. 따라서 엄마야말로 우리 아이들의 올바른 성장을 결정하는 열쇠다.

최근 들어 우리 아이들에게서 우울감과 자존감 저하를 가장 많이 볼 수 있다. 외모나 학습, 인간관계, 부모와의 대화 등 다양한 측면에서 아이의 자존감은 낮아질 수 있다. 아이가 친구나 어른들과 이야기할 때 눈을 맞추지 못하거나, 어려운 상황을 회피하거나, 짜증을 많이 낸다면 자존감이 저하되었다고 볼 수 있다.

　본문에서도 강조했듯이 내 아이의 자신감과 자존감이 높기를 바란다면 우선 양육 패턴부터 바꿔라. 아이의 자존감에 상처를 입히는 훈육방식, 즉 아이를 윽박지르거나 무시하는 등의 공포요법이나 강압적인 훈육은 아무런 성과도 내지 못한다. 아이의 자존감을 아이가 일상적이고 습관적으로 하는 행동이나 태도, 말부터 고쳐나가야 한다.

　설혹 내 아이가 실수와 실패를 겪더라도 그것이 인생을 살아가는 데 밑거름이 될 것이고, 살아가는 과정의 일부라고 여기도록 더욱 격려하고 지지하기 바란다. 그것이 누구보다 뛰어난 심리치료사인 엄마의 몫이다.

　또한 아이의 자존감을 높이기 위해 부모가 좀 더 세심하고 적극적이어야 한다. 아이의 정서적인 행동에 언제라도 반응할 수 있는 열린 태도가 필요하다. 아이가 정서적인 충족을 필요로 하는 말, 즉 "안아줘", "기운 없어" 등의 말을 할 때는 지체하지 말고 아이에게 사랑의 말이나 스킨십을 선사하라. 아이의 마음을 잘 살피고 정서적인 요구에 부응하는 부모가 아이의 자존감을 더욱 북돋아준다. 정서적인 만족은 아이의 자존감을 살찌우는 자양분이다.

다시 한 번 어려운 상황에도 굴하지 않고 아이를 당당하고 씩씩하게 키우고 있는 엄마들에게 경의를 표하며 다음 문구로 책을 마무리한다.
"엄마의 사랑만큼 강력하고 비옥한 토양은 없다."

| 이 책의 추천사 |

아이들의 타고난 유전자는 놀기도 좋아하고 배움도 좋아한다. 이러한 바탕은 아이들마다 타고난 몸 습관, 마음 습관, 공부 습관이 긍정적인 마음을 지배하여 뇌의 균형을 키우는 것이다.
이 책의 저자 박민수 원장은 이러한 아이의 타고난 강점지능을 여러 발달 측면에서 의과학적 이론과 심리 정신학적 분석을 통해 독자들에게 아주 쉽고 명확하게 발달지침서를 만들어냈다. 아이의 강점은 뇌의 흡수력이다. 이 책은 좋은 아이를 더욱 건강하게 만드는 흡수력이 강한 뇌와 같은 책이다.
-김동철 뇌공학 심리학자, 『잠재력을 깨우는 두뇌심리』 저자

자녀를 사랑하고 바르게 키우고 싶다면 사랑의 방법부터 익혀야 한다. 박민수 원장은 몸과 마음 그리고 습관이라는 세 가지 핵심요소의 균형 잡기를 통한 자녀의 건강한 성장과 성숙을 돕는 부모의 교육법을 제시한다. 특히 불균형 상태가 초래하는 구체적인 사례와 조력자로서 부모가 할 수 있는 현실적이고 체계적인 실천법은 자녀 키우기 어려운 우리 시대의 막연한 염려나 근심을 덜 수 있는 적극적인 예방과 대응책이 될 것이다. 지혜로운 부모가 되고자 하는 모든 분들께 강추!!
-하민회 소통전략전문가, 『쏘셜력 날개를 달다』 저자

이 책은 우리 아이들의 바른 성장과 발달을 위해 중요한 필수 지식들을 담고 있다. 요즘 부모들은 급하고 쫓기는 마음에 자녀양육에서 균형과 조화의 진리를 잊을 때가 많다. 그러나 아이들은 몸과 마음, 두뇌의 고른 발달과 성장을 통해서만 올곧게 자랄 수 있다. 이 책을 통해 자녀의 온전한 성장, 조화로운 발달에 필요한 지혜와 통찰을 발견하기 바란다.
-박민근 독서치료연구소 소장, 『성장의 독서』 저자

누구나 성장을 이야기할 수는 있지만 누구나 진정성을 담을 수는 없다. 박민수 원장은 소아비만 전문의로 심리, 운동, 라이프스타일 코칭을 통하여 오랫동안 통합적으로 아동의 질적 성장을 위한 임상을 해왔다. 뿐만이 아니라 책과 강연을 통해서 강력한 통찰을 주는 국민 주치의 역할을 해왔다. 테라피스트 교육자로서, 일선에서 고객을 관리하고 있는 체형전문가로서 내가 가치 있게 생각하는 성장은 외부적으로 어릴 때부터 코칭을 통해 아이들에게 영향력을 행사할 수 있는 '질적 성장'이다. 아이들의 질적 성장은 전적으로 가정과 사회와 국가의 책임이라고 믿기 때문에 박민수 원장의 이번 책은 더욱 가치가 있다.
-박정현 에스테틱 교육전문아카데미 코몽드 원장, 『림프의 기적』 저자

내 아이가 완전한 아이로 성장하길 원하는 것은 모든 부모들의 바람이다. 하지만 부모의 욕심이 아이들의 올바른 변화와 성장을 방해하는 경우가 많다. 이 책은 박민수 원장이 수년간의 진료현장에서 체험한 아이들의 몸과 마음, 학습능력의 균형성장에 대한 지혜와 철학을 담고 있다. 내 아이가 스스로 평생 공부할 수 있는 능력을 가진 아이로 성장하길 원하는 부모에게 이 책은 꼭 읽어야 할 훌륭한 지침서이다.
-이민구 빅파더교육연구소 소장, 『공부가 즐겁다. 아빠가 좋다』 공저

딸의 재무 상담을 대신 받겠다는 엄마에게 상품 몇 개 알려드리는 것보다 상담 받는 과정에서 딸이 스스로 느끼면서 실천하는 게 더 중요하다고 설득한 적이 있다. 자녀의 건강관리도 마찬가지다. 아이의 건강이 나빠진 후 용한 의사를 찾느라 애쓰기보다는 건강할 때 아이에게 좋은 습관을 길러주는 게 더 중요하다. 사후약방문이 아니라 예방을 통해 사랑하는 아이를 건강한 독립체로 키울 수 있는 방법을 알고 싶다면 꼭 이 책의 도움을 받기를 권한다.
-이천 희망재무설계 대표, 『내 통장 사용 설명서』 저자

몸 마음 뇌가 튼튼한 아이

초판 1쇄 인쇄 | 2016년 4월 6일
초판 1쇄 발행 | 2016년 4월 13일

지은이 | 박민수
펴낸이 | 이희철
기획 | 출판기획전문 (주)엔터스코리아
편집 | 양승원
마케팅 | 임종호
펴낸곳 | 책이있는풍경
등록 | 제313-2004-00243호(2004년 10월 19일)
주소 | 서울시 마포구 월드컵로31길 62 1층
전화 | 02-394-7830(대)
팩스 | 02-394-7832
이메일 | chekpoong@naver.com
홈페이지 | www.chaekpung.com

ISBN 978-89-93616-92-7   13590

· 값은 뒤표지에 표기되어 있습니다.
· 잘못된 책은 바꾸어 드립니다.

이 도서의 국립중앙도서관 출판시도서목록(CIP)은 서지정보유통지원시스템 홈페이지(http://seoji.nl.go.kr)
와 국가자료공동목록시스템(http://www.nl.go.kr/kolisnet)에서 이용하실 수 있습니다.
(CIP제어번호: CIP2016007460)